W0361790

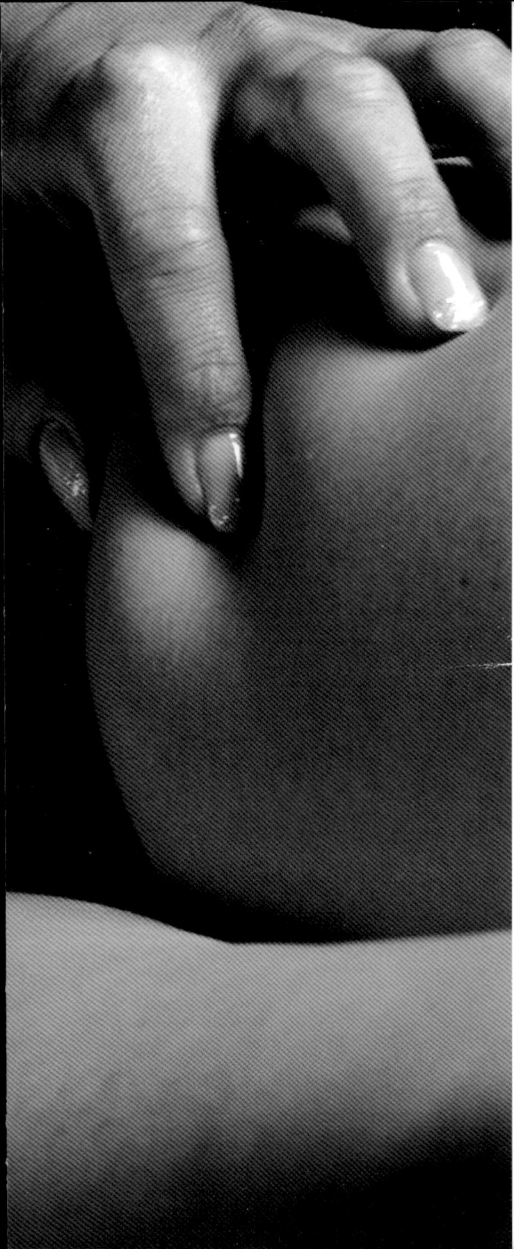

Ulrich Grolla

DESSERTS FÜR VERLIEBTE

Mit Texten von Kerstin Matthies,
Brigitta & Markus Gumpricht

Schwarzkopf & Schwarzkopf

Verliebt in ein Dessert

VORWORT

Mit allen Sinnen genießen – das verbindet Essen und Erotik schon seit Jahrhunderten. Vor allem assoziiert man seit jeher das Naschen mit erotischen Aspekten. Naschen hat seinen Wortstamm im Verb »nagen« – es ist ein spielerisches, sinnliches und auch etwas heimliches Knabbern.

Vernascht werden nicht nur Früchte, Pralinés oder üppige Torten. Auch so manches weibliche Wesen mag gerne ab und an »vernascht« werden. Was liegt näher, als beim Naschen die Faszination des weiblichen Körpers mit köstlichen Desserts zu verbinden?

Die Geschichte der Desserts ist ebenso alt wie die Geschichte der Erotik. Schon die Bibel verbindet den Sündenfall mit dem Verzehr eines süßen Apfels. Gäbe es den Sündenfall in der heutigen Zeit noch einmal, dann wäre der Apfel sicherlich ein Bratapfel mit einer sinnlichen Marzipanfüllung. Oder eine feine Calvados-Praline.

Die Verführung mit Süßem ist klassisch. Zwar lockt das Weib gerne gestandene Männer mit einem klassisch zubereiteten Rinderbraten vom Schlachtfeld, die wahre Verführung steckt aber im Dessert.

Desserts – im deutschen Raum auch Süßspeise oder Nachtisch genannt – werden üblicherweise nach der Hauptspeise gereicht. Manche lassen die Hauptspeise auch einfach weg, was bei dem Kaloriengehalt einiger Nachspeisen nicht verwunderlich ist. Manche Desserts sind eben wirklich kleine Sünden. Die Tradition des Nachtischs ist schon seit über tausend Jahren bekannt, auch wenn in grauer Vorzeit bei den Griechen oder Römern noch überwiegend Käse und Obst gereicht wurden. Übrigens geschah dies auch aus einem durchdachten Grund: Die Süße der Früchte sollte den Magen, der durch die oft sehr fettreichen Hauptspeisen überstrapaziert war, wieder etwas beruhigen und streicheln.

War es die Lust, die Chinesen und Römer in der Antike dazu brachte, diese doch eher schlichten Früchte durch etwas Raffinierteres zu ersetzen? Denn das Speiseeis in seiner frühesten Form – ähnlich wie ein Sorbet – war schon in der Antike bekannt. Kaiser Nero galt als einer der größten Fans von Speiseeis, er ließ sich das für die Zubereitung notwendige Gletschereis per Stafettenlauf aus den Alpen bringen. Dieses Eis hatte noch relativ wenig mit der cremigen Masse gemeinsam, die wir heute kennen.
Das Eis der Antike bestand überwiegend aus zerstoßenem Gletschereis, das mit Honig und weiteren Zutaten wie Nüssen oder Früchten vermengt wurde. Auch im alten China war diese Variante sehr beliebt, Eis war dort nur den Reichen vorbehalten und die Rezepturen wurden gehütet wie Schätze.

Stellen Sie sich einmal diesen Aufwand vor: Sie lassen über eine Entfernung von 400 Kilometern Gletschereis holen, nur um einen kulinarischen Höhepunkt mit einer raffinierten Eisspeise zu setzen. Heute ist die Zubereitung von Speiseeis erheblich einfacher, so dass man sich diesen Genuss getrost häufiger gönnen darf.

Die Vereinfachung der Zubereitung betrifft übrigens auch den beliebten Pudding. Fragt man einen deutschen Mann nach seinem Lieblingsdessert, so antworten bemerkenswert viele Männer »Pudding ...«. Mit dem Zusatz »... aber selbstgemacht, so wie von meiner Mutter«. Pudding vermittelt das Gefühl von Heimat und Geborgenheit.

Aber die Zubereitung dieser schmackhaften Nachspeise wurde erst seit der pulvrigen Erfindung eines gewissen Herrn Dr. Oetker so einfach, dass es zu einem täglichen Dessert werden konnte. Früher war Pudding eine Festtagsspeise, deren Zubereitung lange dauerte und auch ein wenig unappetitlich aussah. Die komplette Masse wurde – eingewickelt in ein Handtuch – stundenlang im Wasserbad gekocht und hatte eher Ähnlichkeit mit einem Fleischklops als mit einer feinen Süßspeise.

Die beliebte Schokolade hat ihren Ursprung bei den Mayas, die die ersten Kakaobäume kultivierten. Später entwickelten die Azteken daraus den Kakao. Der Verzehr von Schokolade hatte religiöse Hintergrunde und war ausschließlich Männern vorbehalten. Kein Wunder, hätte man Frauen an die Schokolade gelassen, so wären die Jahresvorräte innerhalb kürzester Zeit verstoffwechselt gewesen. Frauen lieben Schokolade – und Männer gewähren ihnen den Genuss gerne, spätestens seit eine Studie italienischer Forscher herausgefunden hat, dass Schokolade die Lust auf Sex steigern soll.

Diese aphrodisierende Wirkung wird auch einer Vielzahl von Früchten nachgesagt. Aphrodite, die griechische Göttin der Liebe, Schönheit und der sinnlichen Begierde, gilt auch als Göttin der Früchte und wird unter anderem durch den Granatapfel symbolisiert. Dem Granatapfel wird dementsprechend oft nachgesagt aphrodisierend zu wirken, ebenso wie Erdbeeren. Dies konnte zwar wissenschaftlich niemals eindeutig nachgewiesen werden, aber täglich stürzen sich unzählige mutige Menschen in Selbstversuche.

Und viele schwören auf die sinnliche Verführung mit Früchten, Törtchen und Schokopudding. Auf den nächsten Seiten möchten wir Sie verführen, diese teilweise sehr einfachen Rezepte auszuprobieren. Wie wirkungsvoll sich gut temperierter Sekt auf weiblicher Haut anfühlt, lässt sich am einfachsten im Eigenversuch herausfinden. Auch die »wirklichen« Rezepte sind überwiegend sehr einfach zuzubereiten, Sie werden mehr Zeit mit der Dekoration und dem Vernaschen des Desserts verbringen als mit der Zubereitung. Wir wünschen viel sinnliche Inspiration!

HINWEIS ZU DEN REZEPTEN

Die Rezepte sind – mit Ausnahme der Champagnertorte – für zwei Personen ausgelegt. Wir bitten bei der Zubereitung um Beachtung der Hinweise – zum Beispiel, dass Eis nicht direkt auf dem Körper platziert werden darf. Eine Scheibe Ananas schützt vor Erfrierungen. Wir empfehlen bei allen Serviervorschlägen die Verwendung einer unempfindlichen Unterlage. Das schönste Dessert bekommt einen bitteren Nachgeschmack, wenn versehentlich eine weiße Seidendecke dabei ruiniert wird.

CHAMPAGNERTORTE – EINFACHE VARIANTE

DIESE DOPPELSEITE

Zutaten

3 Päckchen Aranca (Maracuja) | 1 Flasche Sekt oder Champagner | 1 Päckchen Vanillezucker | 3 Becher Sahne | Sahnesteif | 1 fertiger Tortenboden | Mandarinen oder Aprikosen | Schokoflocken

Zubereitung der Torte

3 Päckchen Aranca mit einer Flasche Sekt verrühren und stehen lassen. Dann 3 Becher Sahne mit Vanillezucker und Sahnesteif steif schlagen und unter die Creme ziehen. Den gekauften Tortenboden mit Mandarinen oder Aprikosen belegen und die Creme darauf verstreichen. Zum Schluss wird das Ganze mit Schokoflocken verziert.

Wenn aus Zeitgründen die Zubereitung der Torte nicht möglich ist oder Sie ein dekoratives Stück wie das hier gezeigte wünschen: Gehen Sie zum Konditor Ihres Vertrauens, der hat so viel Champagnertorte, dass er sie Ihnen sogar verkauft.

ANANASTRAUM

NÄCHSTE DOPPELSEITE

Zutaten

1 Scheibe Ananas | 1 Kugel Vanilleeis | 1 Scheibe Sternfrucht | Schokostreusel | Erdbeersauce

Zubereitung

Bei diesem Rezept liegt die Schwierigkeit im Servieren – die Zutaten nehmen Sie aus dem Kühlschrank. Natürlich klappt das nur, wenn dieser zuvor mit den genannten Zutaten gefüllt wurde.

Bitten Sie ihre Liebste, eine entspannte Position einzunehmen. Fischen Sie eine Scheibe Ananas aus der Dose und legen Sie sie auf die gewünschte Körperstelle. (Diese Ananasscheibe schützt u.a. vor Erfrierungen.)

Auf diese Scheibe wird eine Kugel Vanilleeis gelegt, die mit Schokostreuseln, der Sternfrucht und Erdbeersauce dekoriert wird.

Falls vorrätig, schmücken Sie das Dessert mit einem kleinen Cocktailschirmchen. Achten Sie darauf, das Schirmchen in das Eis und nicht versehentlich in ein Körperteil zu stechen!

MITTHI LASSIE (JOGHURTGETRÄNK)

DIESE DOPPELSEITE

Zutaten

2 EL Zucker | 350 ml Wasser | 150 ml Joghurt | 1/4 TL Kardamompulver

Zubereitung

Falls Sie beim Namen »Lassie« gerade an einen blonden Collie denken – das Getränk hat nichts mit dem Hund zu tun. Vielmehr stammt dieses Rezept aus der indischen Küche und ist sehr einfach zuzubereiten.

Nehmen Sie alle Zutaten, werfen Sie sie elegant in einen Mixer und stellen Sie den Mixer ca. eine Minute an. Anschließend kommt die Köstlichkeit für eine Stunde in den Kühlschrank. Nach dieser Stunde dürfen Sie »Mitthi lassie« auf einer von Ihnen erwählten Körperpartie dekorativ anrichten.

Wir müssen Sie allerdings warnen – das Getränk ist recht kalt, wenn es direkt aus dem Kühlschrank kommt. Sollte Ihr Partner kälteempfindlich sein, füllen Sie das Dessert einfach in zwei Gläser und genießen Sie es gemeinsam – die Mengen sind für zwei Gläser ausreichend.

STERNFRUCHT

NÄCHSTE DOPPELSEITE

Die Sternfrucht oder auch Karambole stammt ursprünglich aus Südostasien und zählt nach offizieller botanischer Einordnung trotz ihrer Größe zu den Beeren.

Sie fällt als Erstes durch ihre ungewöhnliche Form auf. Häufig wird die Frucht – in Scheiben geschnitten – zur Dekoration verwendet. Es lohnt sich aber auch, an der Frucht zu knabbern, sie schmeckt leicht säuerlich frisch und enthält viele Vitamine sowie Calcium, Magnesium, Phosphor und Eisen.

Vorschlag: Nach dem Vernaschen der kunstvoll aufgelegten Karambole-Scheiben gehen Sie direkt zum zweiten Gang des Desserts über – zu dem sinnlich duftenden Körper Ihrer Liebsten. Lassen Sie es sich schmecken!

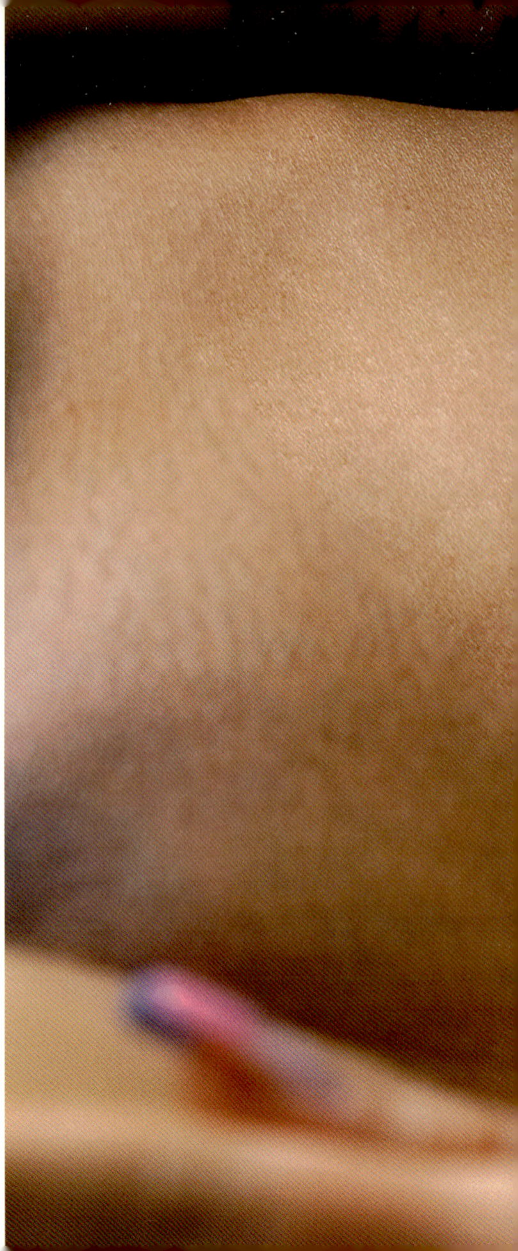

LIEBESPERLEN

Können Sie sich noch an den Tag erinnern, an dem Sie die erste Liebesperle ihres Lebens gelutscht haben?

Ich kann es noch. Ich erinnere mich an das Mädchen, welches mir ihr gefülltes Nuckelfläschchen hinhielt. Sie wurde rot, nuschelte »Willste Liebesperlen?« und schaute verlegen zu Boden. Natürlich wollte ich Liebesperlen, das war ja gerade die erste Liebeserklärung meines Lebens!

Damit schien für mich geklärt, warum diese bunten süßen Kügelchen Liebesperlen heißen. Dass der Erfinder den Perlen diesen Namen gab, weil er sie laut Legende genauso liebte wie seine Frau, kann man bei so einer süßen Erinnerung auch gerne einmal vergessen.

So süß wie die Perlen hier präsentiert werden, sind sie auf jeden Fall die eine oder andere Sünde wert!

NÄCHSTE DOPPELSEITE

FRUCHTMOUSSE MIT SAHNE

Zutaten

1/4 Liter Schlagsahne | 50 g Johannisbeeren | 50 g Himbeeren | 50 g Erdbeeren | 1 halbes Päckchen Vanillezucker | 2 EL Wasser

Zubereitung

Die Fruchtmousse wird ein paar Stunden vor dem Servieren zubereitet. Passieren Sie hierfür die Früchte mit zwei EL Wasser und einem halben Päckchen Vanillezucker mit dem Stabmixer. Einzelne ganze Früchte können später dazugerührt werden. Stellen Sie die Mousse anschließend in den Kühlschrank, nehmen Sie sie aber 20 Minuten vor dem Servieren wieder heraus.

Zum Servieren drapieren Sie ihren Partner auf einer unempfindlichen Unterlage und rücken Sie das gewünschte Körperteil in passendes Licht. Geben Sie zunächst etwas steif geschlagene Sahne auf den Körper, anschließend wird die Fruchtmousse vorsichtig auf die Sahne gegeben. Vorsicht, die Fruchtmousse sollte nicht mehr zu kalt sein! Zum Schluss können Sie das Ganze noch mit einer kompletten Frucht verzieren – wir wünschen guten Appetit!

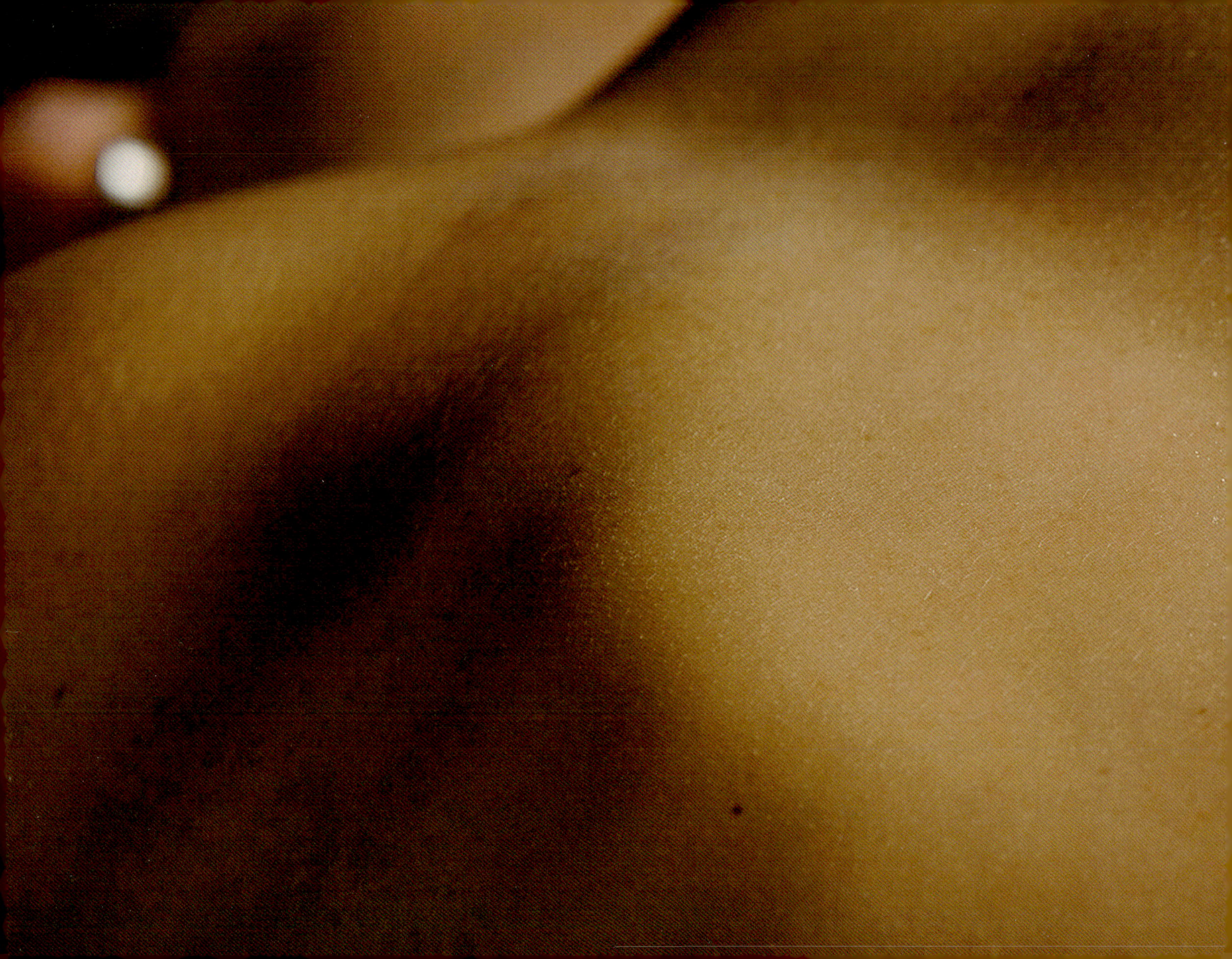

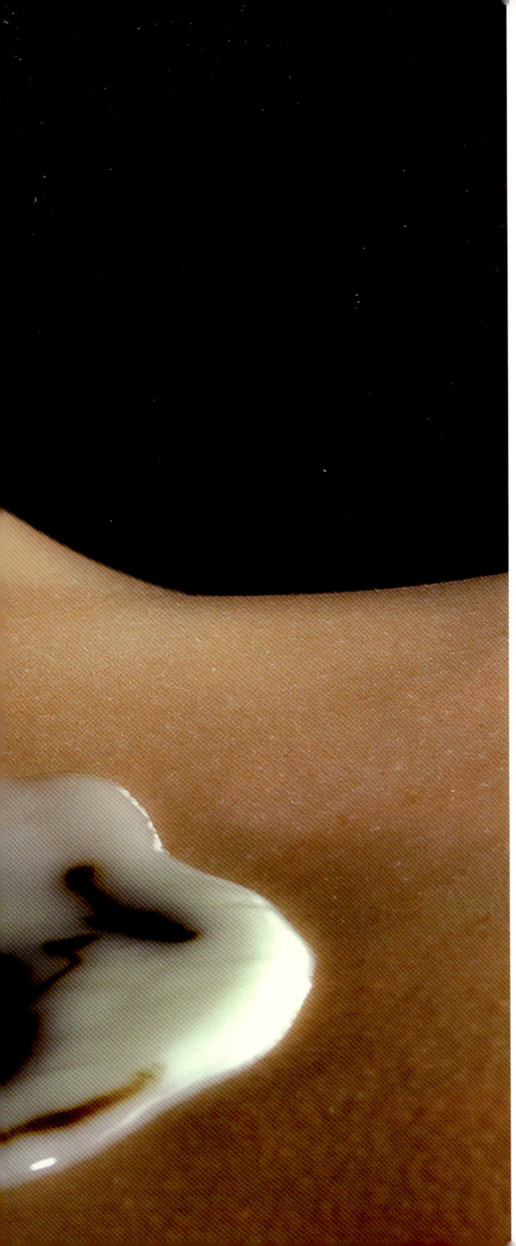

BROMBEER-WEINSCHAUMCREME

ZUTATEN

1/8 l Rotwein | 1/8 l Apfelsaft | 100 g Brombeeren | 30 g Zucker | 1/2 Zimtstange | 30 g Speisestärke | 2 Eiweiß

ZUBEREITUNG

Bringen Sie den Rotwein mit der Hälfte des Apfelsaftes, mit Zucker und Zimt zum Kochen. Mit dem restlichen Apfelsaft wird die Stärke angerührt.

Geben Sie die Apfelsaft-Stärke-Mischung unter beständigem Rühren in die kochende Rotwein-Apfelsaft-Zucker-&-Zimt-Flüssigkeit und lassen Sie alles noch einmal aufkochen. Während Sie schon einmal drei kurze Gedanken an das Vernaschen des Desserts verschwenden, schlagen Sie das Eiweiß steif, heben Sie es unter die restliche Masse und lassen Sie das Ganze nochmals kurz aufkochen. Zum Schluss werden die Brombeeren untergerührt.

Nun ist die Brombeer-Weinschaumcreme fertig und darf noch eine knappe Stunde im Kühlschrank auf ihren großen Auftritt warten. Achten Sie beim Servieren darauf, dass die Creme nicht mehr eiskalt ist.

Guten Appetit!

NÄCHSTE DOPPELSEITE

FRUCHTGELEE

ZUTATEN

0,5 l Fruchtsaft | 2 EL Zitronensaft | 1 Blatt weiße Gelatine | 1/2 TL Zucker

ZUBEREITUNG

Legen Sie die Gelatine für fünf Minuten in kaltes Wasser. Die Hälfte des Fruchtsafts vorsichtig erhitzen, aber nicht kochen. Dann die eingeweichte Gelatine ausdrücken und zum Auflösen in den Fruchtsaft geben.

Jetzt wird der restliche Fruchtsaft zugegeben. Rühren Sie den Zitronensaft und den Zucker langsam in die Flüssigkeit. Füllen Sie den Fruchtsaft in ein Gefäß auf und lassen Sie dies einige Stunden kalt stehen.

Wenn Sie das Fruchtgelee auf dem Körper ihres Partners angerichtet haben, können Sie es je nach Geschmack mit geschlagener Sahne garnieren.

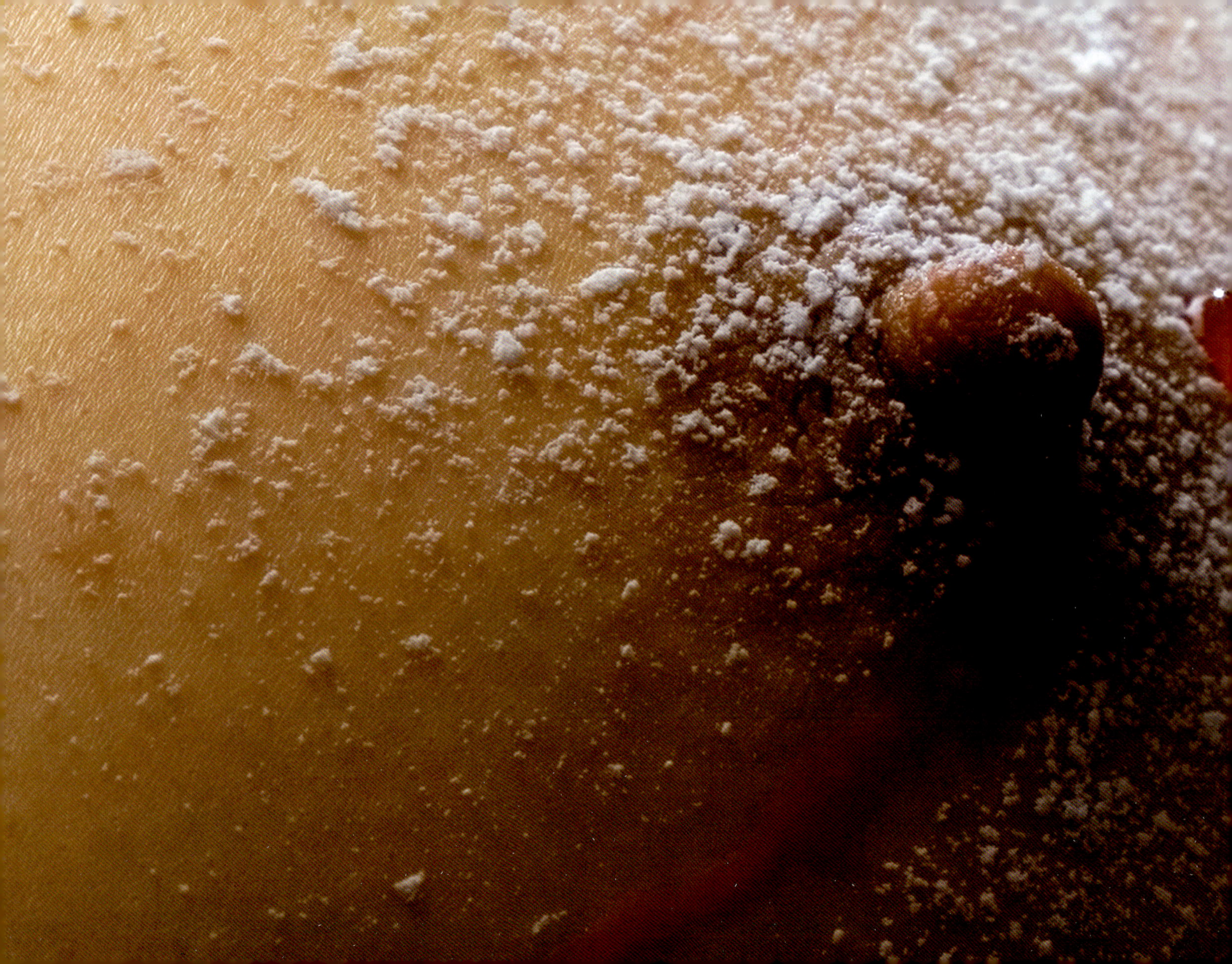

BUTTERMILCH-DESSERT

DIESE DOPPELSEITE

Zutaten

2 Becher Buttermilch | 100 g Erdbeeren | Zucker oder Honig

Zubereitung

Die Buttermilch je nach Geschmack mit Zucker süßen. Wenn der Zucker nicht spürbar sein soll, nehmen Sie zwei EL Honig.

Die Erdbeeren können entweder als ganze Früchte dazugegeben oder vorher püriert werden.

Dieses leicht saure Dessert macht nicht nur Lust auf »mehr«, sondern ist auch perfekt für die schlanke Linie.

Und sauer macht bekanntlich lustig – probieren Sie es einfach!

SCHOKOLADENSAUCE

NÄCHSTE DOPPELSEITE

Zutaten

25 g Schokolade | 1/4 Päckchen Vanillezucker | 1/8 l Milch | 1/8 l Sahne | Zucker | 1 Eigelb

Zubereitung

Lassen Sie die Schokolade langsam im Wasserbad in einem Topf zergehen und bestreuen Sie sie mit Vanillezucker.

Dann die Milch und die Sahne langsam zugießen, aufkochen lassen und mit dem Eigelb abziehen. Das war es schon. Den Einsatzort der Schokoladensauce bestimmen Sie – aber denken Sie daran, nicht zu heiß zu servieren!

Wir empfehlen die Zubereitung mindestens der doppelten Menge, weil bei Schokoladensauce ein Rezept für zwei Personen immer zu wenig ist.

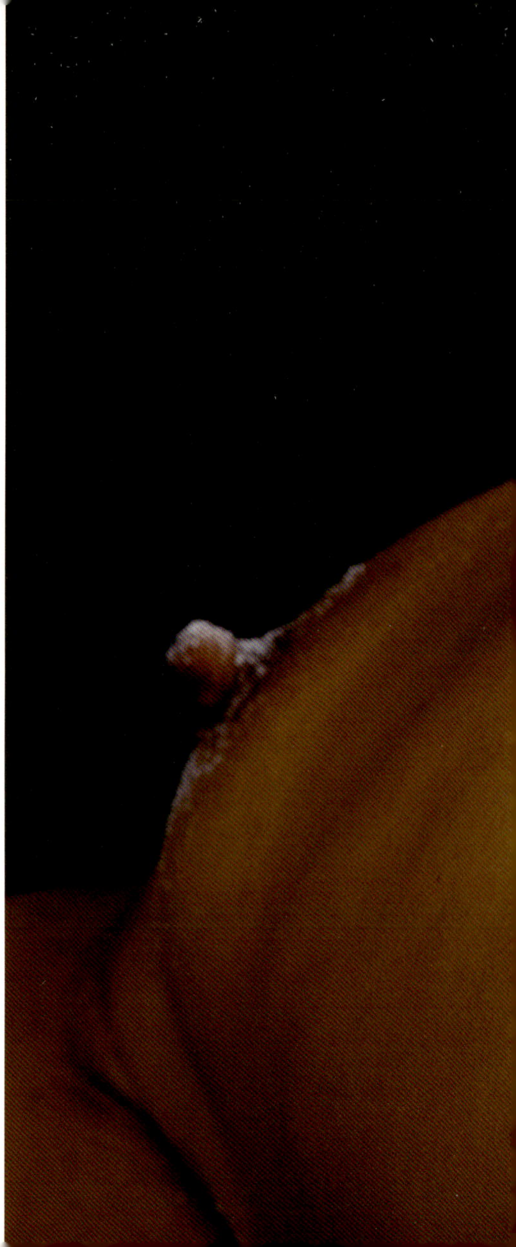

VANILLEPUDDING

DIESE DOPPELSEITE

Pudding entsteht durch das Aufkochen von Milch, Stärke und Eiern. Das ist nicht sehr spannend.

Viel spannender ist es, dass im Jahr 1864 in Wien der angeblich größte Pudding der Welt zubereitet wurde. 630 Kilo wog das Prachtstück, zum Kochen wurden fünf Tage und fünf Nächte benötigt.

Kurz darauf wurde das Puddingpulver erfunden, was die Zubereitungszeit erheblich verkürzt hätte.

Aber um zum Rekord-Dessert zurückzukommen – wenn man davon ausgeht, dass man auf einem weiblichen Körper maximal 300 g Pudding ästhetisch anrichten kann, wie viele weibliche Körper waren dann notwendig, um den Nachtisch standesgemäß zu servieren?

CAPPUCCINO

NÄCHSTE DOPPELSEITE

Zutaten

Kaffee | Milch | Kakaopulver | Zucker

Zubereitung

Der echte Cappuccino besteht aus Espresso, heißer Milch und Milchschaum, und zwar zu etwa je einem Drittel. Füllen Sie dazu 1/3 der Tasse mit einem frisch zubereiteten Espresso. Geben Sie ein 1/3 l heiße Milch hinzu.

Die Krone des Cappuccino ist der Milchschaum, der übrigens umso besser ist, je länger er einem Teelöffel Zucker standhält. Zur Dekoration geben Sie ein wenig Kakaopulver auf den Schaum.

Wichtig sind bei Cappuccino vernünftiger Kaffee, gut aufgeschäumte Milch und die Tatsache, dass ein solches Getränk sofort heiß genossen werden will. Cappuccino ähnelt in diesem Punkt sicherlich Ihrer Liebsten!

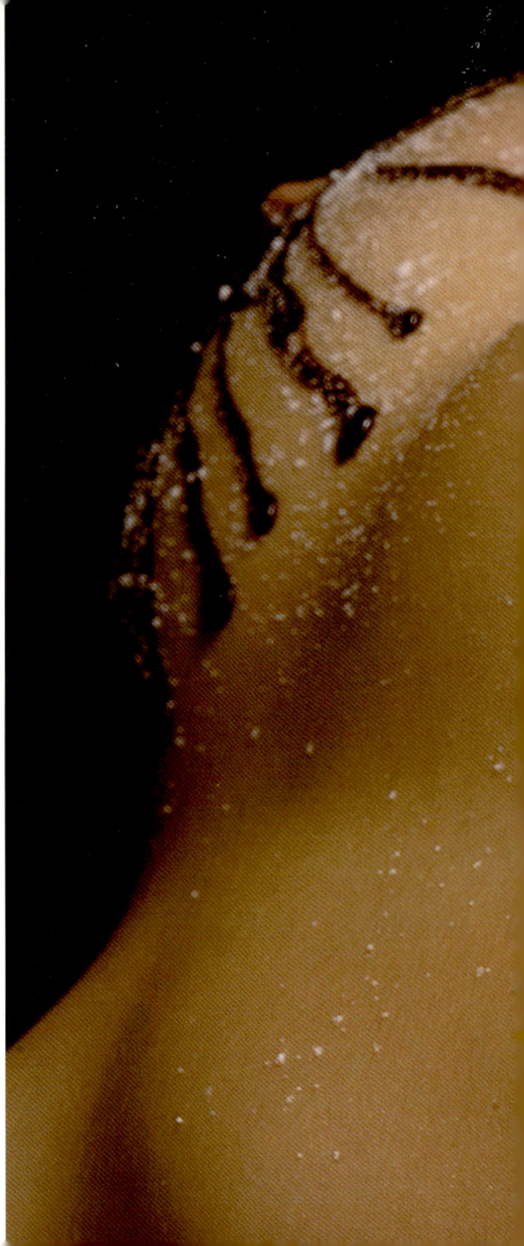

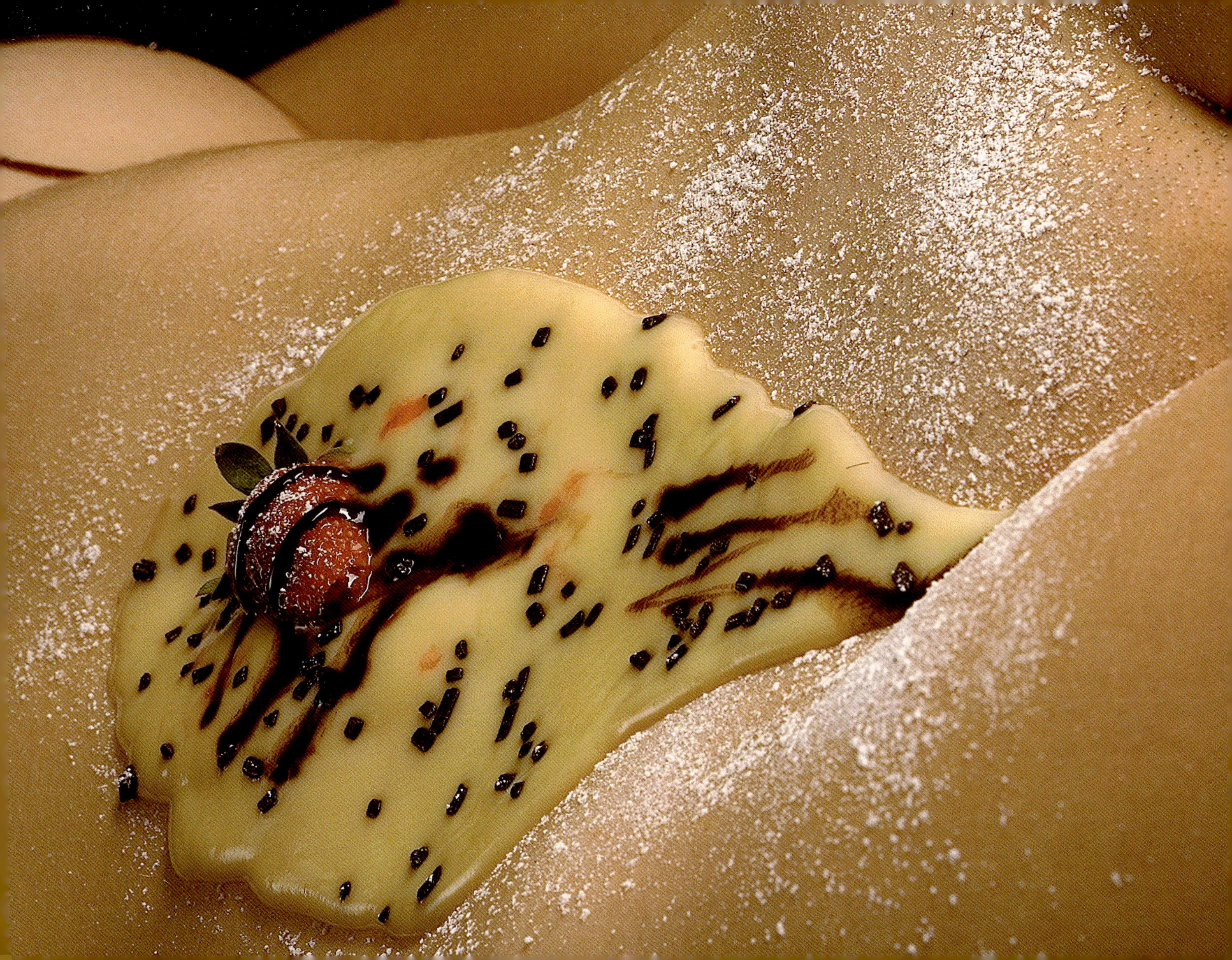

PHYSALIS

DIESE DOPPELSEITE

Die Physalis ist eine Frucht, die man schon lange als Dekoration kannte. Heute ist die sogenannte Kapstachelbeere auch in deutschen Küchen ein Begriff.

Die süße kleine Frucht aus Südamerika wird in Geschäften üblicherweise mit dem kompletten Blütenkelch angeboten. Einen kleinen Verzehrhinweis hätten wir noch: Nehmen Sie die reife Frucht sanft zwischen die Zähne, stülpen Sie den Blütenkelch hierbei mit den Fingern zurück. Dann ziehen Sie die Frucht sanft vom Blütenkelch ab, und genießen Sie den Geschmack.

Der Genuss erfreut übrigens auch den Körper, die kleinen Früchte stecken voller Vitamin C, Provitamin A und B1 und Magnesium.

ROTER WACKELPUDDING

NÄCHSTE DOPPELSEITE

ZUTATEN

250 ml roter Fruchtsaft | 1 EL Zucker | 3 Blatt rote Gelatine

ZUBEREITUNG

Roter Wackelpudding ist ein absoluter Klassiker – und auch ohne Fertigmischung zuzubereiten: Einfach die Gelatine nach Vorschrift des Herstellers einweichen lassen und ausdrücken. Den Saft langsam erhitzen, den Zucker hinzugeben und die Gelatine unterrühren, bis sie sich komplett gelöst hat. Füllen Sie die Masse in ein Förmchen und lassen Sie sie auskühlen.

Bei dem Förmchen bleibt Ihnen die Qual der Wahl, ob nun rund, eckig, Bärchenform oder Herz besser zum Po Ihrer Liebsten passt.

Wir empfehlen auf jeden Fall eine etwas schlichtere Form wie z.B. ein Quadrat, weil man dort je nach Belieben und Gefühlslage sanft die unterschiedlichsten Figuren herausnagen kann.

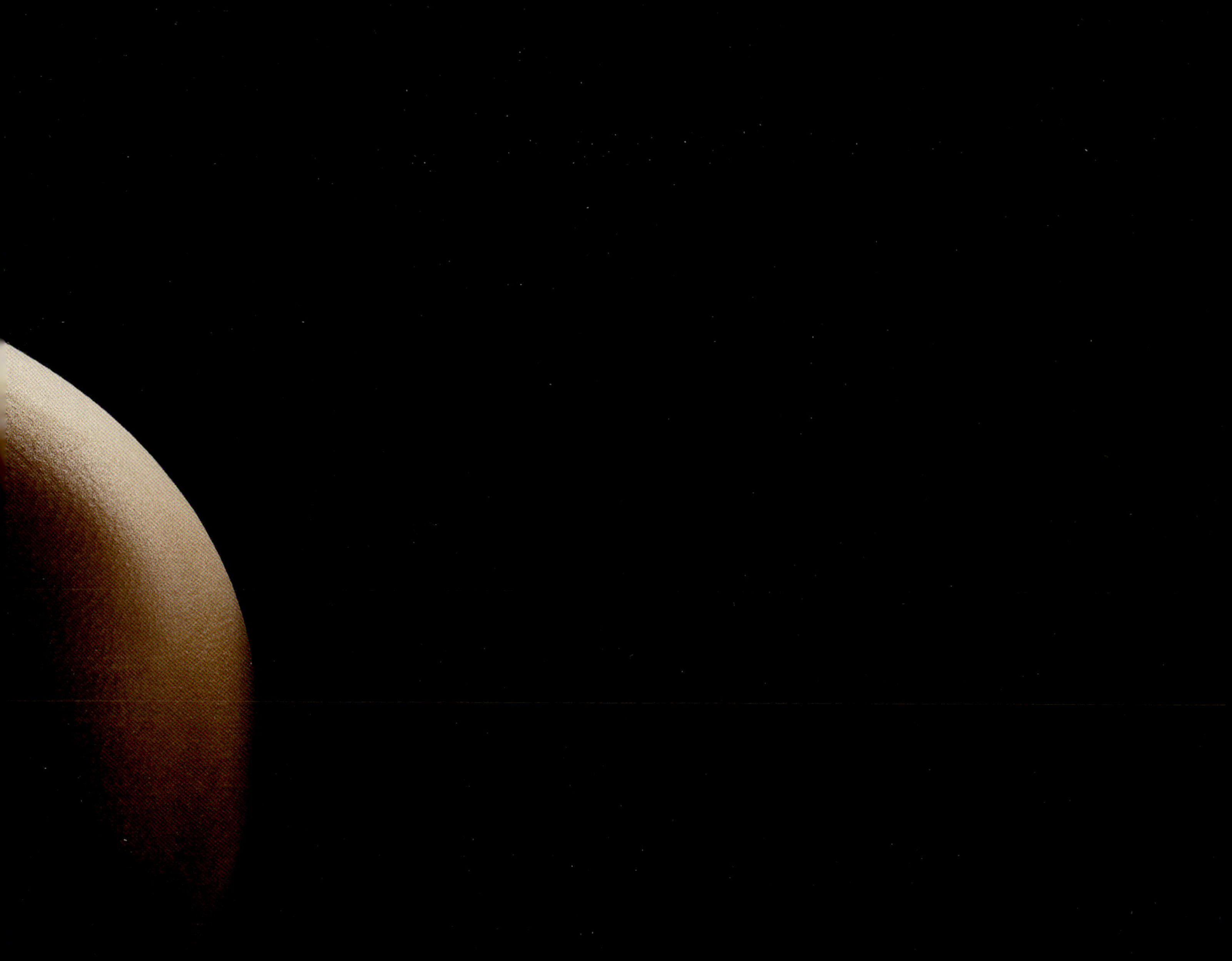

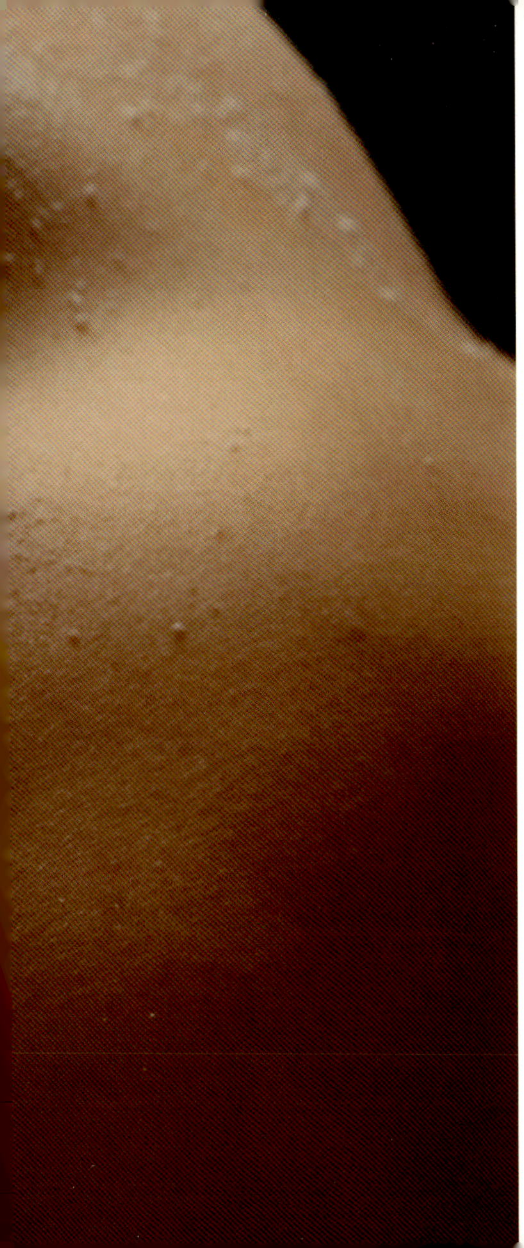

DIESE DOPPELSEITE

HIMBEERMOUSSE

Zutaten

125 g tiefgefrorene Himbeeren | 60 g Vollmilchjoghurt | 20 g Puderzucker | 2 Blatt weiße Gelatine | 1 EL Cassislikör | 1 Eiweiß | 50 ml Schlagsahne | ca. 15 g Schokolade

Zubereitung

Himbeeren auftauen und pürieren. Dann den Joghurt und den Puderzucker verrühren. Die Gelatine wird in kaltem Wasser eingeweicht und nach 5 Minuten im leicht erwärmten Cassislikör aufgelöst. Das Ganze wird unter die Himbeermasse gerührt. Anschließend das Eiweiß und die Sahne getrennt steif schlagen und nach dem Gelieren der Himbeermasse unter diese geben.

Am besten schmeckt dieses Dessert gekühlt und mit Schokolade garniert.

NÄCHSTE DOPPELSEITE

PROSECCO

Prosecco – das ist doch nur ein Modegetränk, ein Sekt, der irgendwie weniger prickelnd ist. Wer so etwas sagt, hat bis jetzt noch nicht den richtigen Prosecco getrunken.

Prosecco gehört zu den Schaumweinen und erhielt seinen Namen nach der Rebsorte Prosecco. Geschmacklich ist er sicherlich etwas weniger prickelnd als Sekt, aber dafür schmeckt er weitaus fruchtiger.

Wichtig ist, dass Sie auf den Zusatz Spumante achten, ein Prosecco frizzante ist oftmals nur ein mit Kohlensäure versetzter Weißwein.

Wenn ein Prosecco Spumante wie auf dem nachfolgenden Bild serviert wird, steht er dem klassischen Sekt in Nichts nach. Manches Prickeln entsteht eben direkt im Magen.

Übrigens: Nur ein nach strengen Qualitätskriterien hergestellter Prosecco aus den ursprünglichen Regionen Valdobbiadene und Conegliano darf den Zusatz »DOC« tragen.

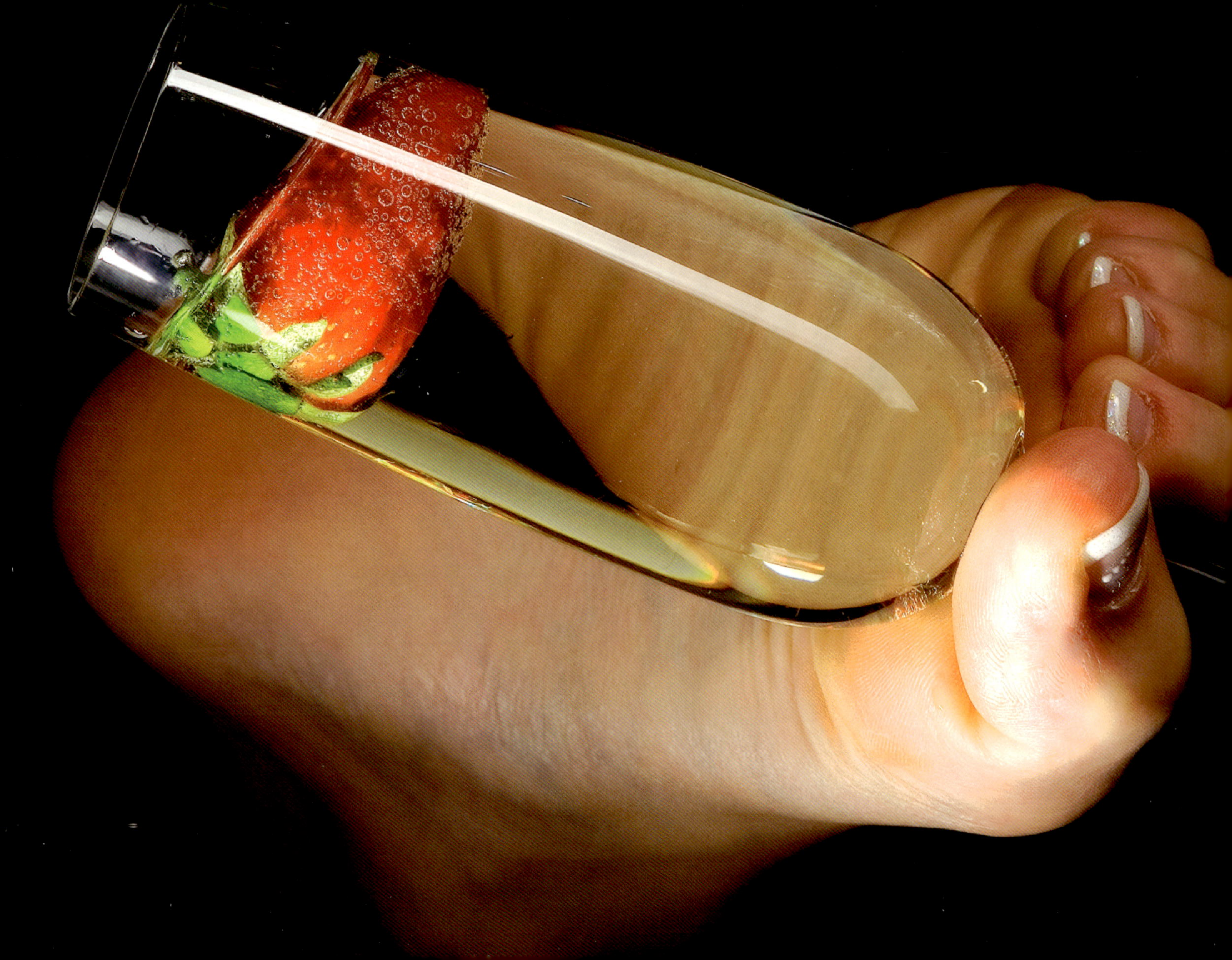

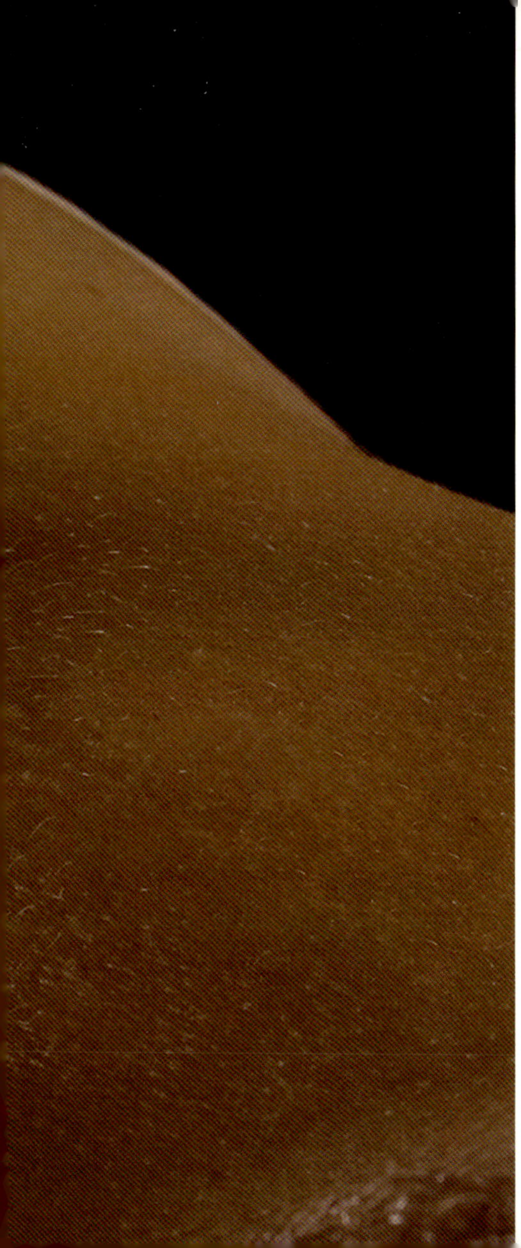

DIESE DOPPELSEITE

WEISSE MOUSSE AU CHOCOLAT

Zutaten

100 g weiße Schokolade | 25 g Zucker | 6 Eigelb | 25 g Minzlikör oder Grand Marnier | 250 g Schlagsahne | 6 Eiweiß

Zubereitung

Schlagen Sie das Eigelb mit der Hälfte des Zuckers schaumig. In einem Topf im Wasserbad werden dann die weiße Schokolade und der Likör langsam geschmolzen.

Geben Sie die Eigelbmasse hinzu. Vorsicht, sie darf nicht zu heiß werden! Anschließend das Eiweiß mit der anderen Hälfte des Zuckers steif schlagen und ebenfalls unter die Schokolade heben.

Wenn alles angerichtet ist, dekorieren Sie nach Belieben mit geraspelter Schokolade oder Früchten.

NÄCHSTE DOPPELSEITE

KARAMELLSAUCE

Zutaten

100 g Zucker | 300 g Butter | 175 ml Milch | 6 EL Sahne

Zubereitung

Die Zubereitung dieser Sauce ist denkbar einfach, bedarf aber eines guten Auges.

Schmelzen Sie den Zucker zusammen mit der Butter langsam in einem Topf. Es ist wichtig, die Masse unter ständigem Rühren zu beobachten. Wird der Karamell zu dunkel, schmeckt er später bitter, ist er zu hell, hat er zu wenig Aroma. Wenn der Karamell die richtige Farbe erreicht hat, die Milch hinzugießen und noch einmal kurz aufkochen lassen.

Wichtig: nicht naschen! Geschmolzener Zucker ist extrem heiß! Die Sauce kurz abkühlen lassen, mit einem Stabmixer noch einmal kurz durchschlagen und komplett auskühlen lassen.

Vor dem Servieren die steif geschlagene Sahne unter die Masse ziehen.

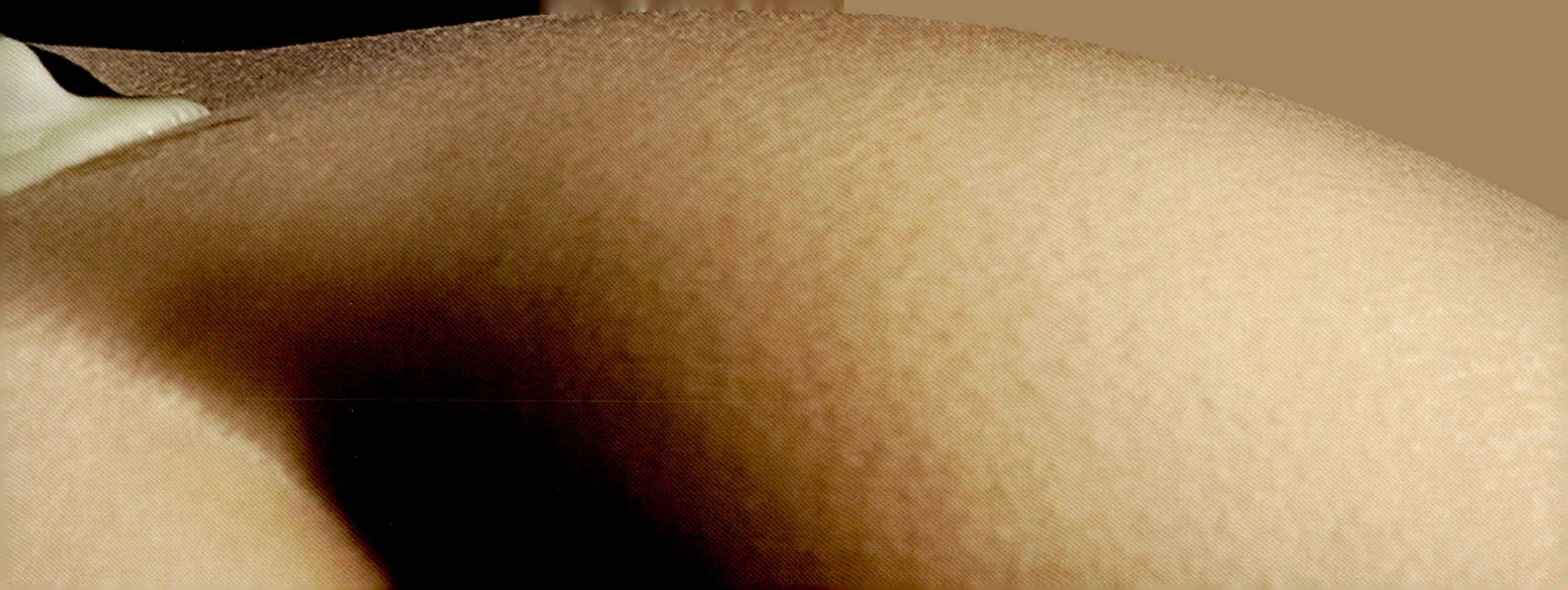

CHAMPAGNER

DIESE DOPPELSEITE

Wenn wir an dieser Stelle schreiben würden, dass Champagner nur gewöhnlicher Schaumwein ist, hagelte es sicherlich Kritik von allen Seiten.

Champagner zählt zwar natürlich zu den Schaumweinen, gilt aber als das edelste Getränk unserer Zeit. Die Herstellung von Champagner unterliegt erheblich strengeren Vorschriften als die Produktion von Winzersekt.

Es wundert nicht, dass bereits die Römer versuchten, Champagner herzustellen. Sie ahnten sicherlich schon, was für einen Effekt ein kühler Tropfen Champagner auf warmer, weicher Frauenhaut haben kann.

Ein guter Champagner zeichnet sich übrigens durch eine feine, sehr lang anhaltende Perlage aus. Er prickelt sicherlich länger im weiblichen Bauchnabel als viele andere Getränke seiner Art.

VANILLESAUCE

NÄCHSTE DOPPELSEITE

Zutaten

250 ml Milch | 1,5 EL Zucker | 1 Ei | 1/2 Vanilleschote | 1 TL Stärke | 3 Eiweiß

Zubereitung

Rühren Sie die Stärke mit 3 EL kalter Milch an. Kratzen Sie das Mark aus der Vanilleschote. Dann wird der Rest der Milch zusammen mit dem Vanillemark, dem Zucker und der Hälfte der Vanilleschote zum Kochen gebracht.

Schlagen Sie in der Zwischenzeit das Eiweiß – das Sie natürlich vorher sorgfältig vom Eigelb getrennt haben – schaumig. Rühren Sie das Stärkemehl in die jetzt fast kochende Milch und lassen Sie das Ganze aufwallen, bis die Sauce dicklich ist.

Dann nehmen Sie die Sauce vom Herd und fischen die Vanilleschote heraus. Rühren Sie nun das Eigelb ein und ziehen Sie vorsichtig das steife Eiweiß unter die Masse. Nach dem Abkühlen ist die Sauce servierfertig.

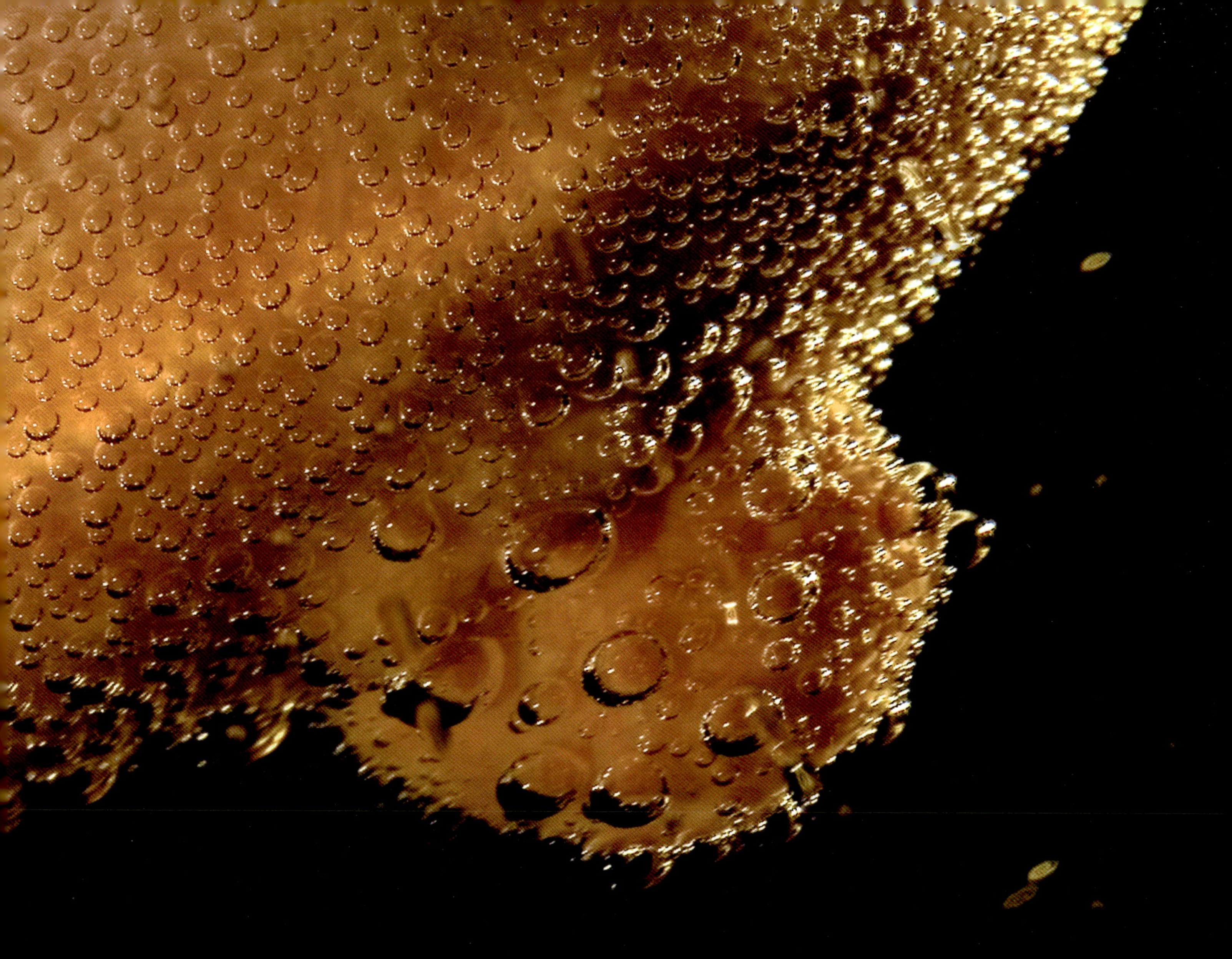

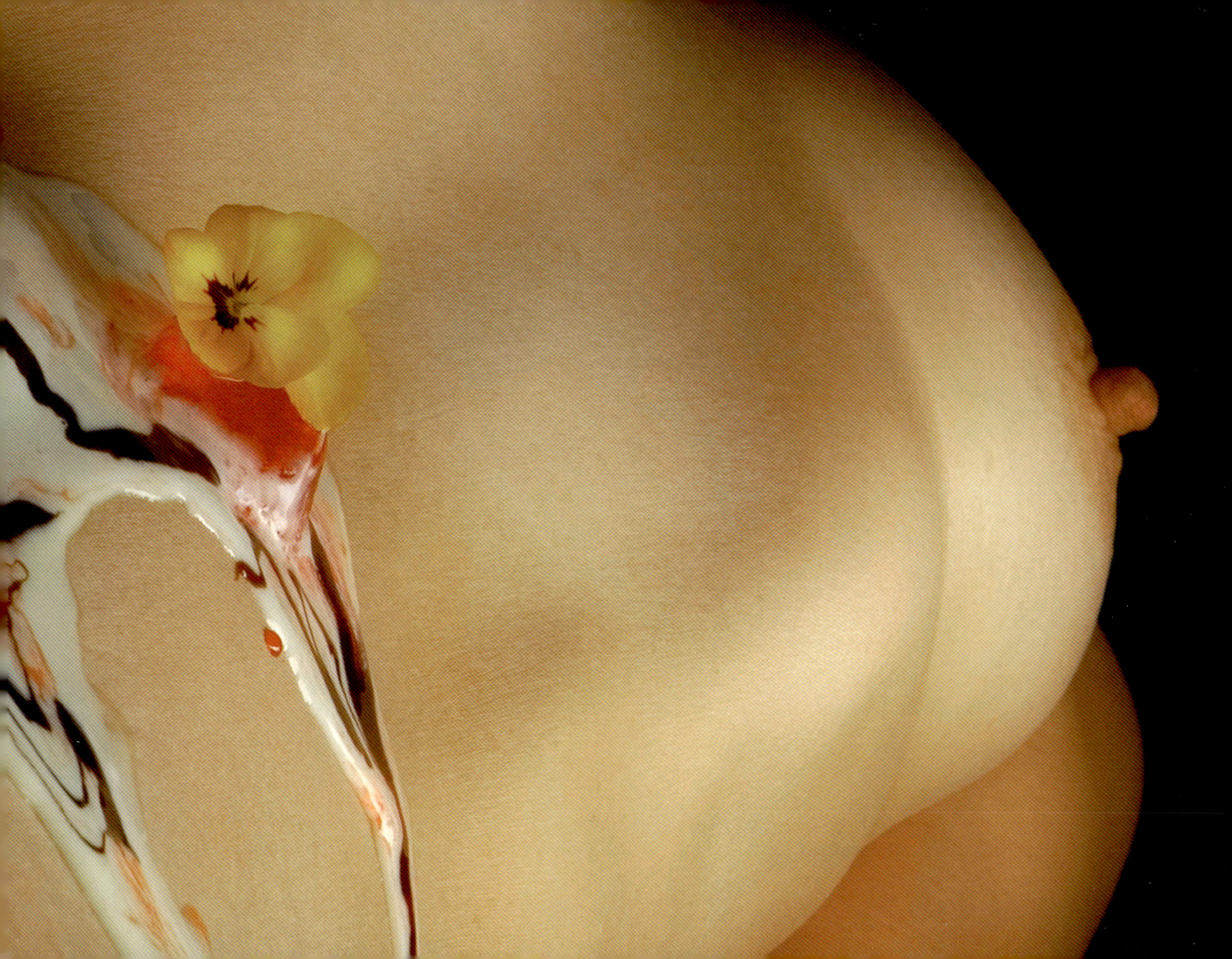

DIESE DOPPELSEITE

SCHNEEWITTCHEN

Können Sie sich noch an die legendären Märchen-Schallplatten erinnern? Das muss in den 70ern gewesen sein. Bei Schneewittchen kann ich mich an eine Passage noch sehr genau erinnern, ich habe das Märchen so lange gehört, bis die Platte nur noch geknistert hat.

Nie werde ich die süßen Schauer vergessen, wenn die Sprecherin mit einer Stimme wie Samt und Seide den magischsten aller Sätze sagte: »Ach, hätt ich doch ein Kind, so weiß wie Schnee, so rot wie Blut und so schwarz wie das Holz am Rahmen.«

Durch diesen Satz wurde Schneewittchen für mich untrennbar mit Sehnsucht, Unschuld und Hingabe verknüpft. So ist es immer noch. Noch heute befällt mich ein Sehnen hin zu der unschuldig-verruchten Knospe, die so viel Hingabe verheißt, wenn sie vor der Zunge erzittert.

NÄCHSTE DOPPELSEITE

MILCHSCHAUM

Wenn Sie denken: Ach, da hat jemand Milchschaum auf eine Brustwarze getropft, haben Sie recht.

Wenn Sie nun denken: Das ist aber nichts Besonderes, haben Sie sich getäuscht. Milchschaum ist ein sehr komplexes Thema – über die Herstellung existiert sogar eine Doktorarbeit.

Es gibt unzählige Zubereitungsarten, z.B. mechanische Aufschäumsiebe, batteriebetriebene Minischneebesen oder in Kaffeevollautomaten integrierte Aufschäumer. Einige Dinge sollten Sie beachten:

Es handelt sich um Milch. Erwarten Sie bitte nicht, dass selbige die Konsistenz von geschlagener Sahne oder gar Eischnee annimmt. Im optimalen Fall sollte es sich um H-Milch mit möglichst viel Fett handeln, da wird der Schaum einfach cremiger, feinporiger und stabiler.

Bei mechanischer Aufschäumung wird das Ergebnis mit aufgewendeter Zeit besser. Bei thermischen Verfahren sollten Sie darauf achten, dass die Milch anfangs kalt ist und nicht zu warm wird.

Damit der Schaum den Kaffee so durchmischt, wie Sie es wollen, sollten Sie bei der Erstellung von Cappuccino sofort, aber für Latte Macchiato erst nach ein bis zwei Minuten den Akt der Vermischung vollziehen.

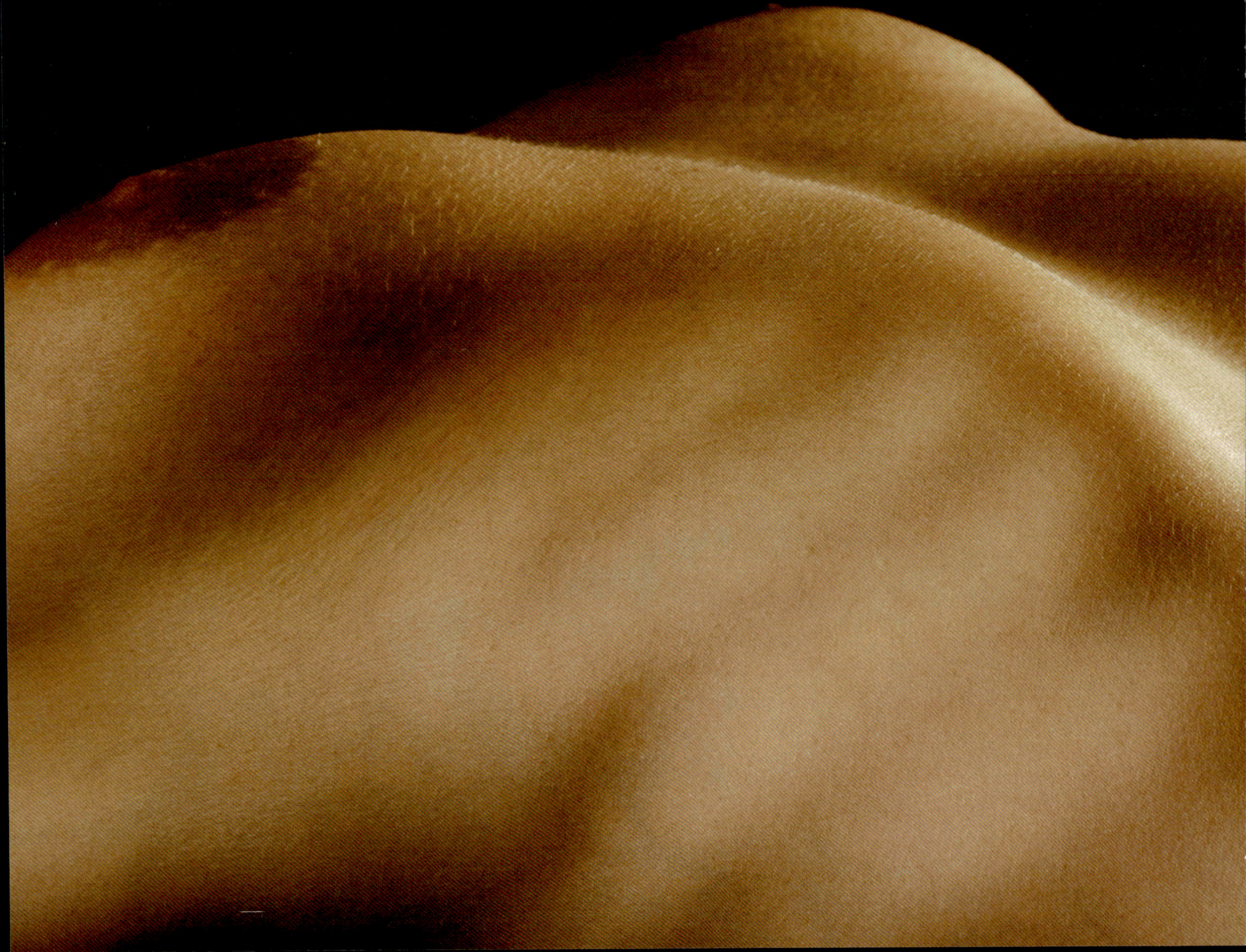

GRÜNER WACKELPUDDING MIT VANILLESAUCE

DIESE DOPPELSEITE

Es gibt eine sehr einfache Variante, dieses Dessert in kürzester Zeit zuzubereiten. Gehen Sie in einen Discounter Ihres Vertrauens, kaufen Sie dort einen Becher komplett fertigen grünen Wackelpudding und eine Flasche fertige Vanillesauce.

Es soll Menschen geben, die behaupten, dass eine selbst zubereitete Götterspeise besser schmecken würde – aber mal ehrlich: Wenn ein Dessert so angerichtet wird, kann die Speise an sich den Genuss fast nicht mehr steigern.

Wenn Sie nett sind, lassen Sie den Wackelpudding aber vor dem Servieren noch 10 Minuten bei Zimmertemperatur aufwärmen. Dieses Dessert eignet sich übrigens perfekt für »Kurzzeit-Naschen«, zum Beispiel in der Mittagspause.

HIMBEERBODEN

NÄCHSTE DOPPELSEITE

Zutaten

1 Tortenboden | 2 Becher Sahne | 1 Packung tiefgefrorene Himbeeren | Zucker

Zubereitung

Als Erstes wird die Sahne mit einem Mixer steif geschlagen. Die gefrorenen Himbeeren dazugeben und das Ganze mit Zucker nach Belieben weiterrühren.

Die Masse auf den Tortenboden geben und genießen. Das sieht dann zwar etwas anders aus als auf dem Bild, geht aber erheblich schneller, ist einfacher und Sie haben mehr Zeit, sich dem Vernaschen zu widmen!

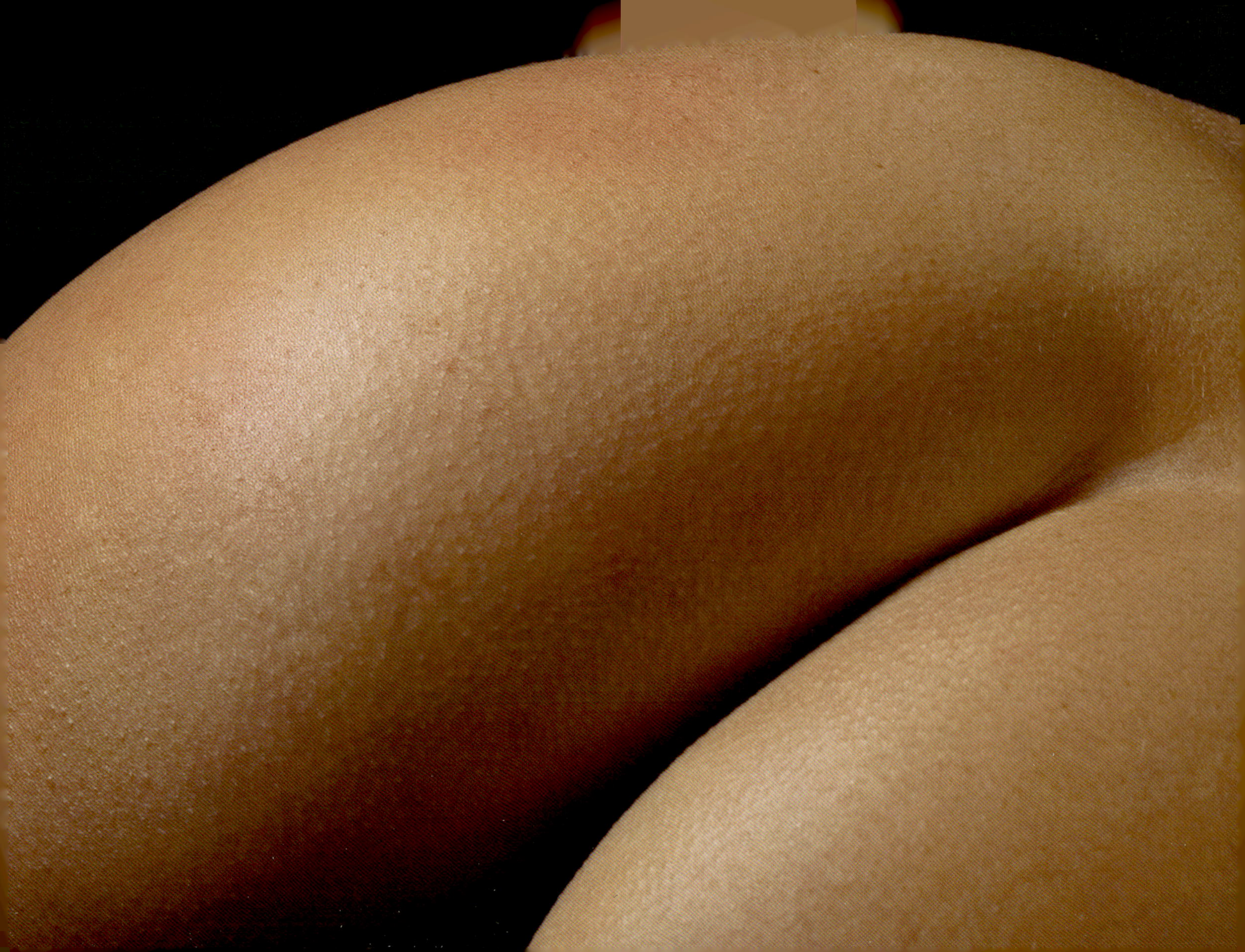

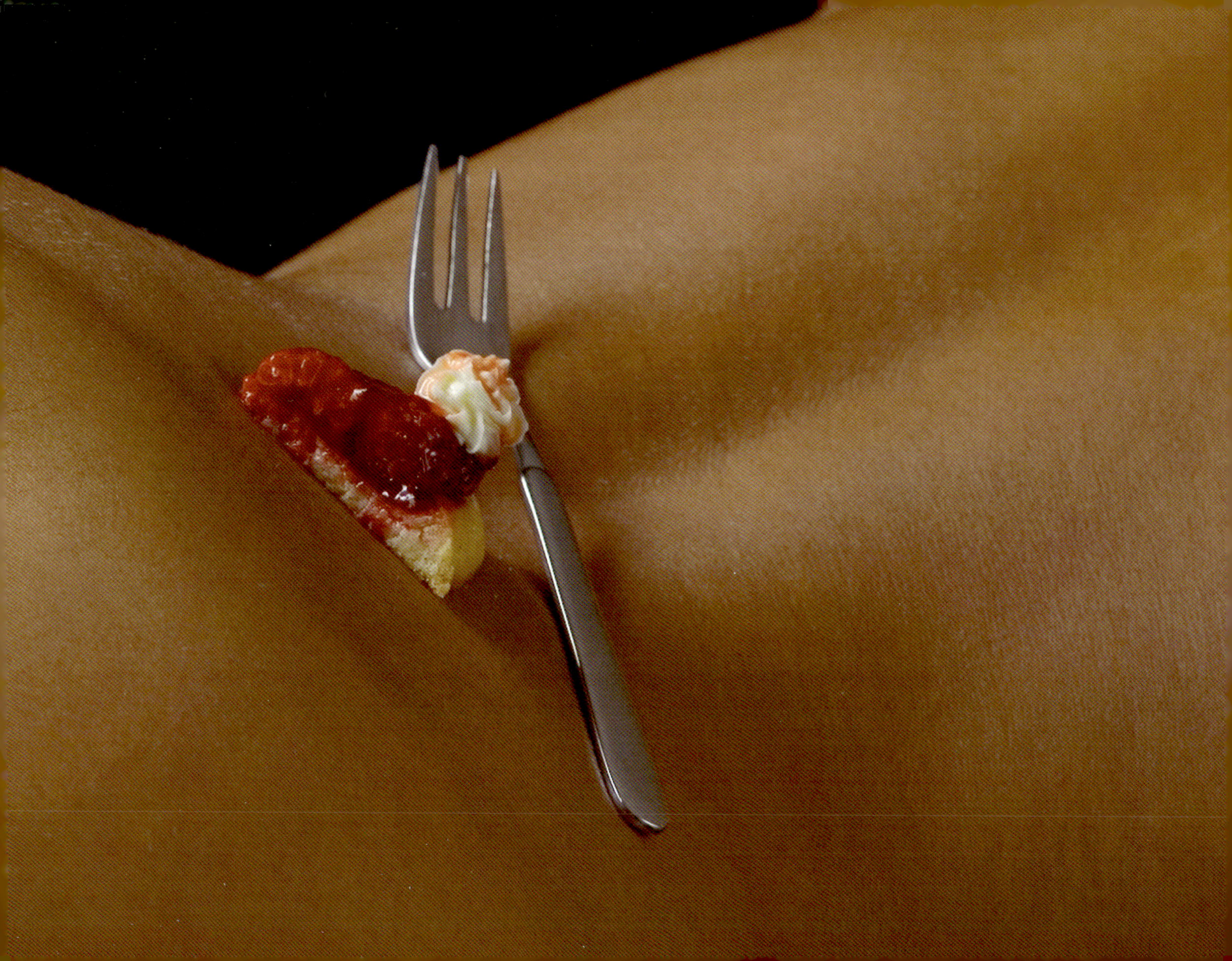

PRALINEN

DIESE DOPPELSEITE

Die kleinen süßen Leckereien waren zuerst natürlich bei den Frauen beliebt. Seit dem 18. Jahrhundert werden die kleinen Stückchen genüsslich weggenascht, damals noch vorwiegend von den Damen der gehobenen Gesellschaft – Zucker und Schokolade waren schließlich teuer.

Heute haben nicht nur Männer den Geschmack an den kleinen Köstlichkeiten gefunden, auch Frauen langen nach wie vor gerne mal in die Pralinenschachtel.

Es soll sogar Clubs geben, die sich mit nichts anderem als Pralinen beschäftigen. Manche Frau lässt sich aber auch gerne einmal zusammen mit einer kleinen Praline vernaschen – wenn sie so gekonnt dekoriert wird wie auf dem Foto, kann da sicherlich auch kein Mann widerstehen.

Eine Praline darf sich übrigens nur Praline nennen, wenn sie zu mindestens 25 Prozent aus Schokolade besteht und mit einem Biss vernascht werden kann.

ZABAGLIONE

NÄCHSTE DOPPELSEITE

Zutaten

3 – 4 Eigelb | 2 EL Zucker | 60 ml Marsala

Zubereitung

Schlagen Sie das Eigelb mit dem Zucker im Wasserbad schaumig. Achten Sie darauf, dass die Masse zwar warm, aber keinesfalls bis zum Siedepunkt erhitzt wird! Während der Schlagens geben Sie den Marsala langsam hinzu.

Vor dem Servieren wird die Zabaglione kalt gestellt, aber nicht so kalt, dass sich Ihre Liebste beim Dessert den Bauch verkühlt.

Und – hätten Sie gedacht, dass es so einfach ist, eines der berühmtesten italienischen Desserts zuzubereiten?

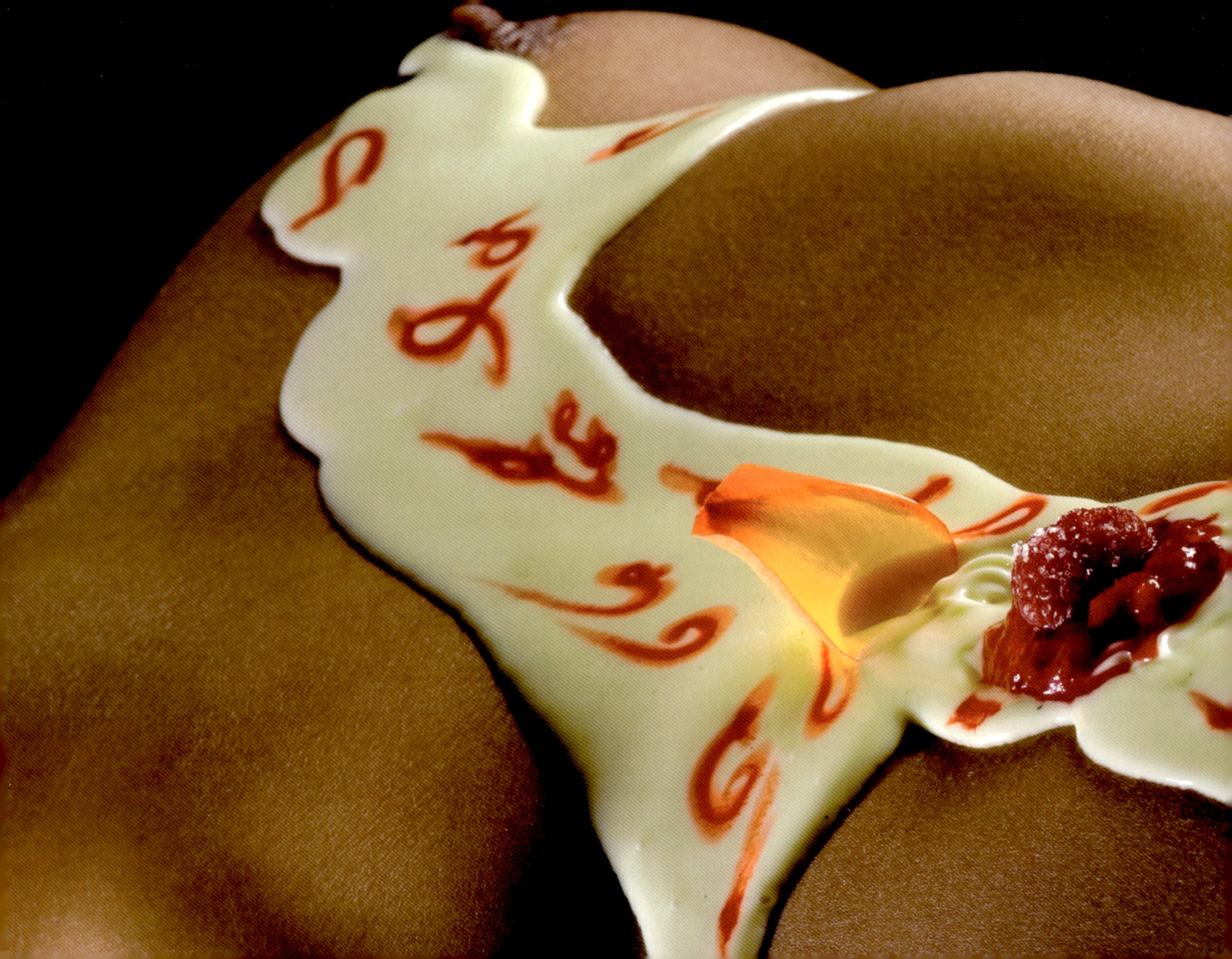

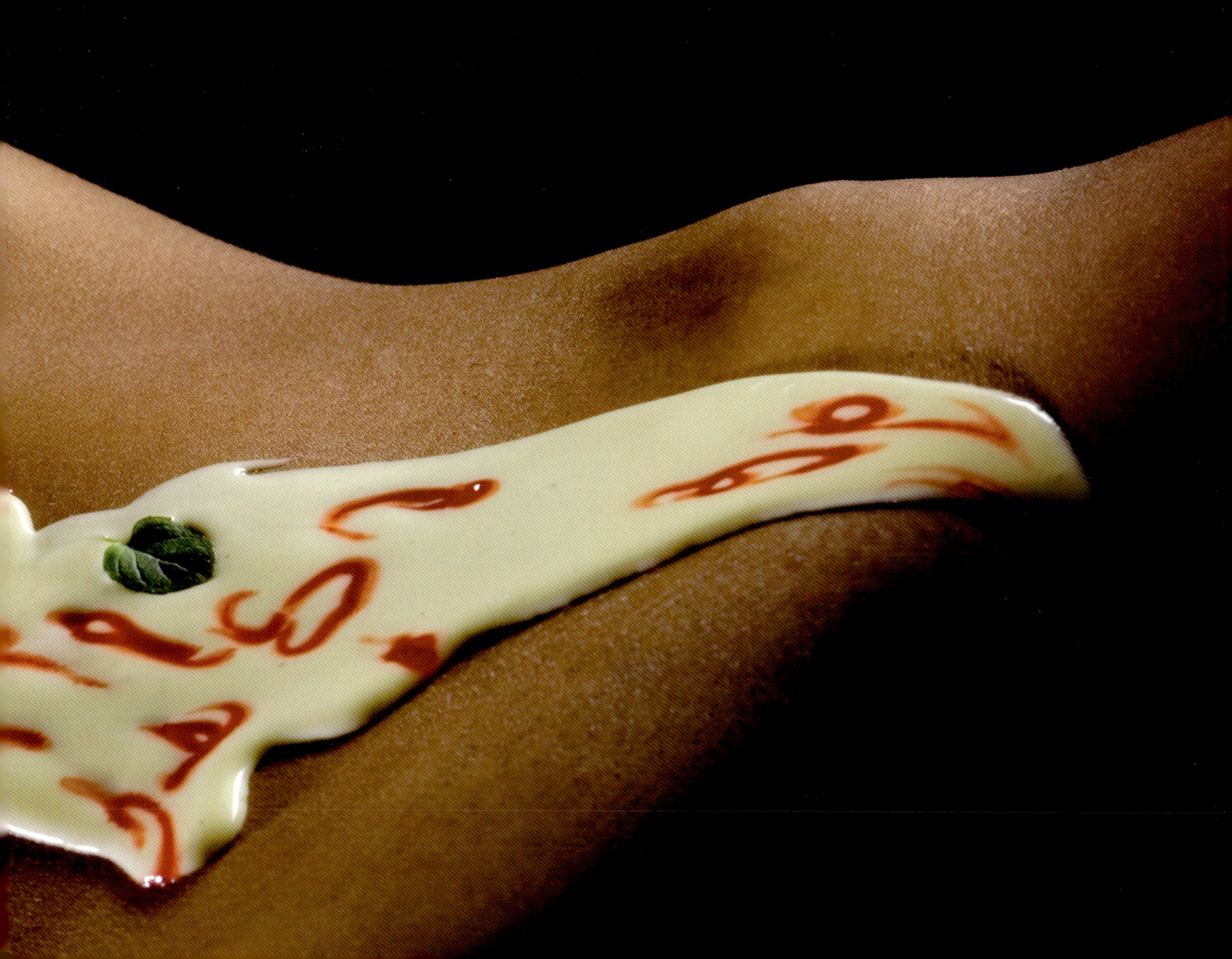

ERDBEERMOUSSE

DIESE DOPPELSEITE

Zutaten

250 g Erdbeeren | 2 Eiweiß | 2 EL Zucker | 1 Päckchen Vanillezucker

Zubereitung

Während Sie letzte Vorbereitungen für das Dessert treffen, darf Ihre Liebste schon einmal eine angenehme und vor allem unbekleidete Position einnehmen.

Eine halbe Erdbeere zur Seite legen, die später zur Garnitur verwendet wird. Frauen lieben Erdbeeren, achten Sie daher drauf, dass Ihre Liebste brav liegen bleibt und nicht heimlich die Deko wegnascht. Die restlichen Erdbeeren fein passieren und mit dem Zucker und dem Vanillezucker verrühren. Mit einem Mixer das Eiweiß steif schlagen.

Die Eiweißmasse wird anschließend unter die passierten Erdbeeren gegeben und sanft verrührt. Wir empfehlen übrigens die Zubereitung der doppelten Menge des Desserts, von dieser Leckerei kann man nicht genug bekommen!

HEIDELBEERSCHAUM

NÄCHSTE DOPPELSEITE

Zutaten

200 g tiefgekühlte Heidelbeeren | 2 EL Zucker | 1 Kugel Vanilleeis | 0,5 Becher Sahne

Zubereitung

Die Heidelbeeren mit dem Zucker vermischen. Die Beeren hierbei ein wenig zerdrücken. Das Vanilleeis untermischen und weiterrühren, bis eine dickflüssige Masse entsteht.

Dann mit dem Stabmixer komplett durchpürieren. Die Sahne schlagen und unter die Heidelbeermasse ziehen. Falls Sie den Schaum sofort servieren möchten, bitte daran denken: Eis ist kalt!

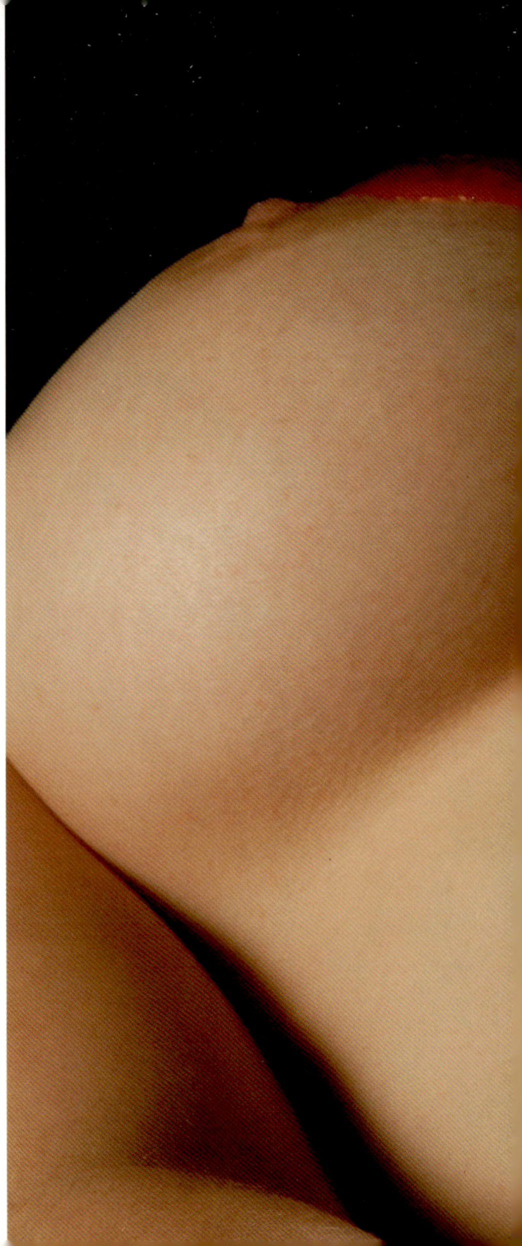

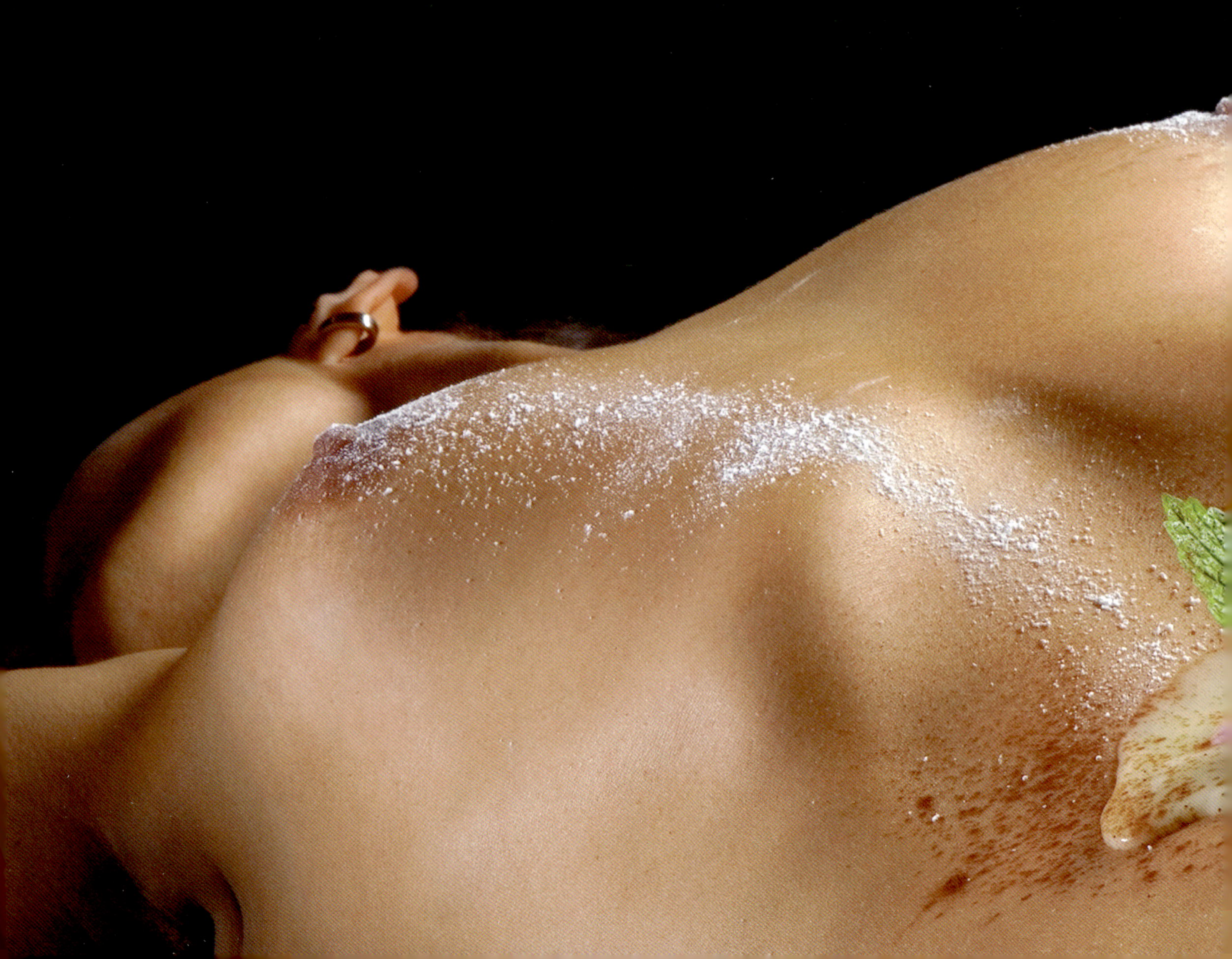

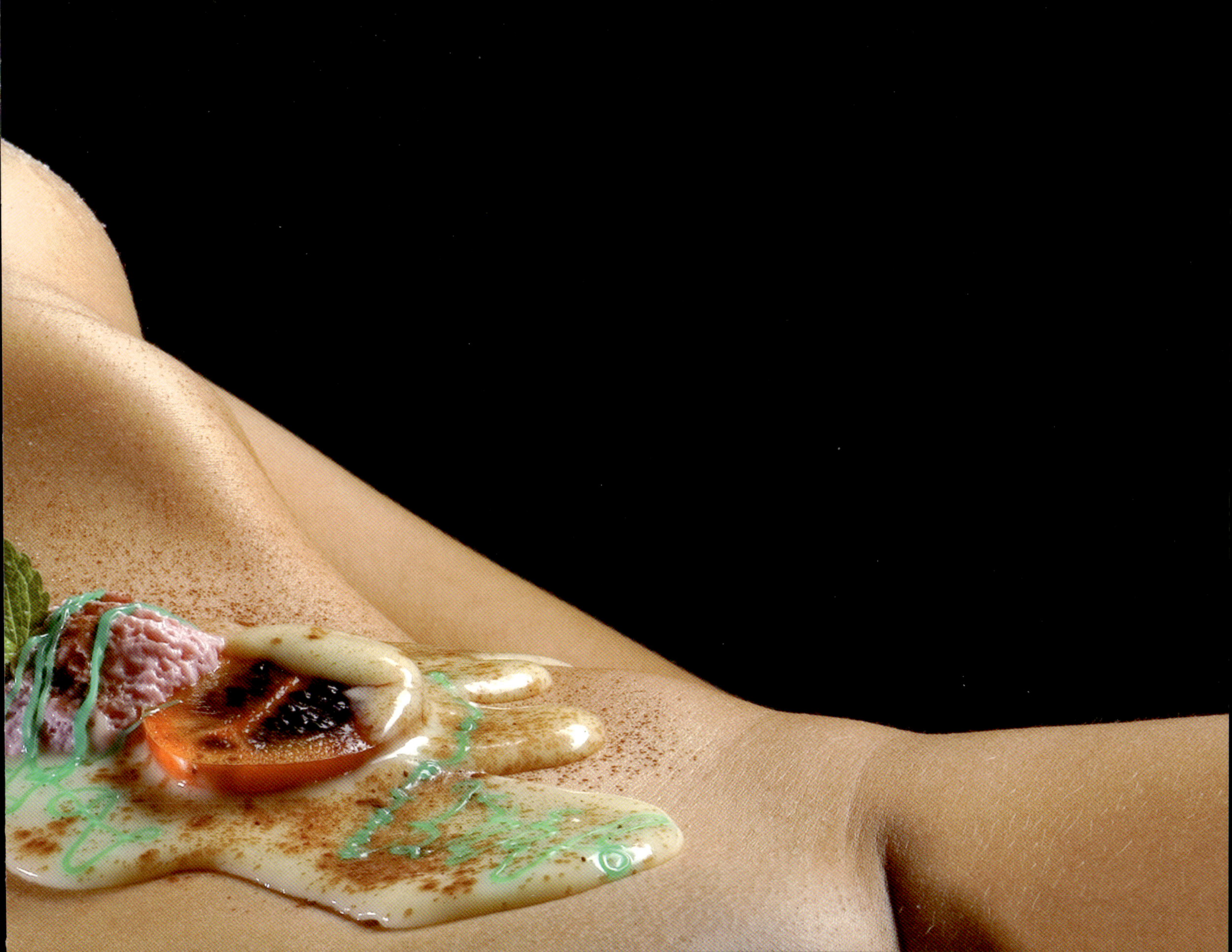

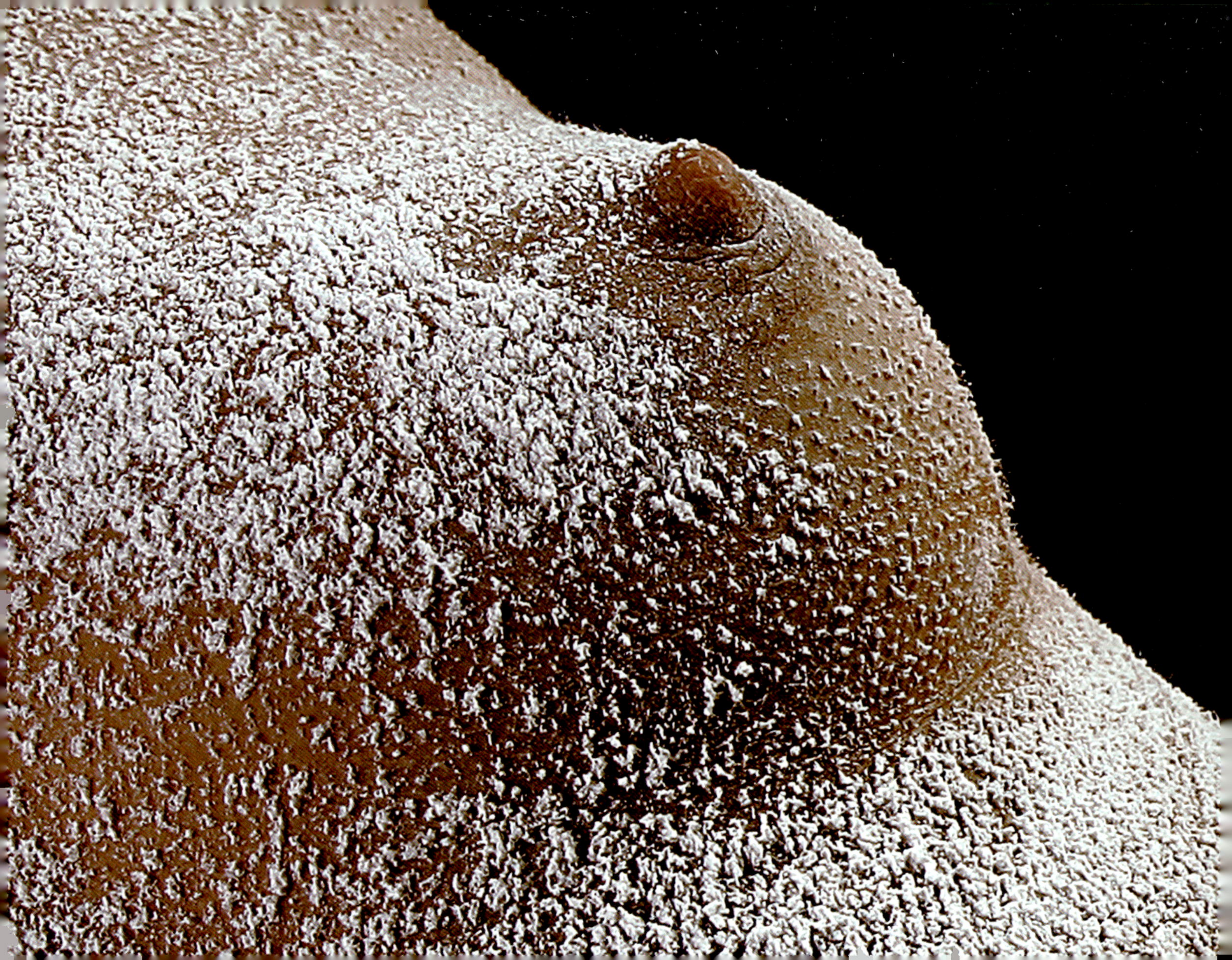

DIESE DOPPELSEITE

PUDERZUCKER

Streng gesehen ist Puderzucker ein Raffinade-Zucker, der so fein zermahlen wird, dass man die Kristalle nicht mehr mit dem bloßen Auge erkennen kann.

Aber mal im Ernst, wer kann bei so einem Anblick bleiben? Puderzucker ist eine kleine süße Sünde, die sich in Sekundenbruchteilen auf der Zunge auflöst. Eine Köstlichkeit, die sanft den Gaumen verwöhnt, während die Zunge weiter den Körper entlangfährt.

Mindestens drei Sinne werden stimuliert: Schmecken, Fühlen, Sehen. Je nachdem wie intensiv Sie bei dem Verspeisen dieses sehr einfach zuzubereitenden Desserts vorgehen, wird auch der vierte Sinn, das Hören, angesprochen.

NÄCHSTE DOPPELSEITE

KIWI MIT VANILLEEIS UND ROTEN JOHANNISBEEREN

Zutaten

1 Kiwi | 2 Kugeln Vanilleeis | 100 ml Sahne | 1/2 TL Zucker | 100 g Johannisbeeren

Zubereitung

Die Zubereitung dieses Desserts ist vergleichbar mit dem einfachsten Überraschungsei, das es gibt.

Halbieren Sie die Kiwi und schaben Sie einen Teil des Fruchtfleisches aus den Hälften.

Die Sahne mit dem Zucker steif schlagen. Dann eine kleine Kugel Vanilleeis – das geht am besten mit Melonenbällchenformern – in die Kiwi legen, mit der Sahne verzieren. Zum Schluss einige Johannisbeeren darauf legen.

Bei der Dekoration mit dem Schirmchen bleibt Ihnen die freie Wahl – nehmen Sie ein blaues oder ein grünes?

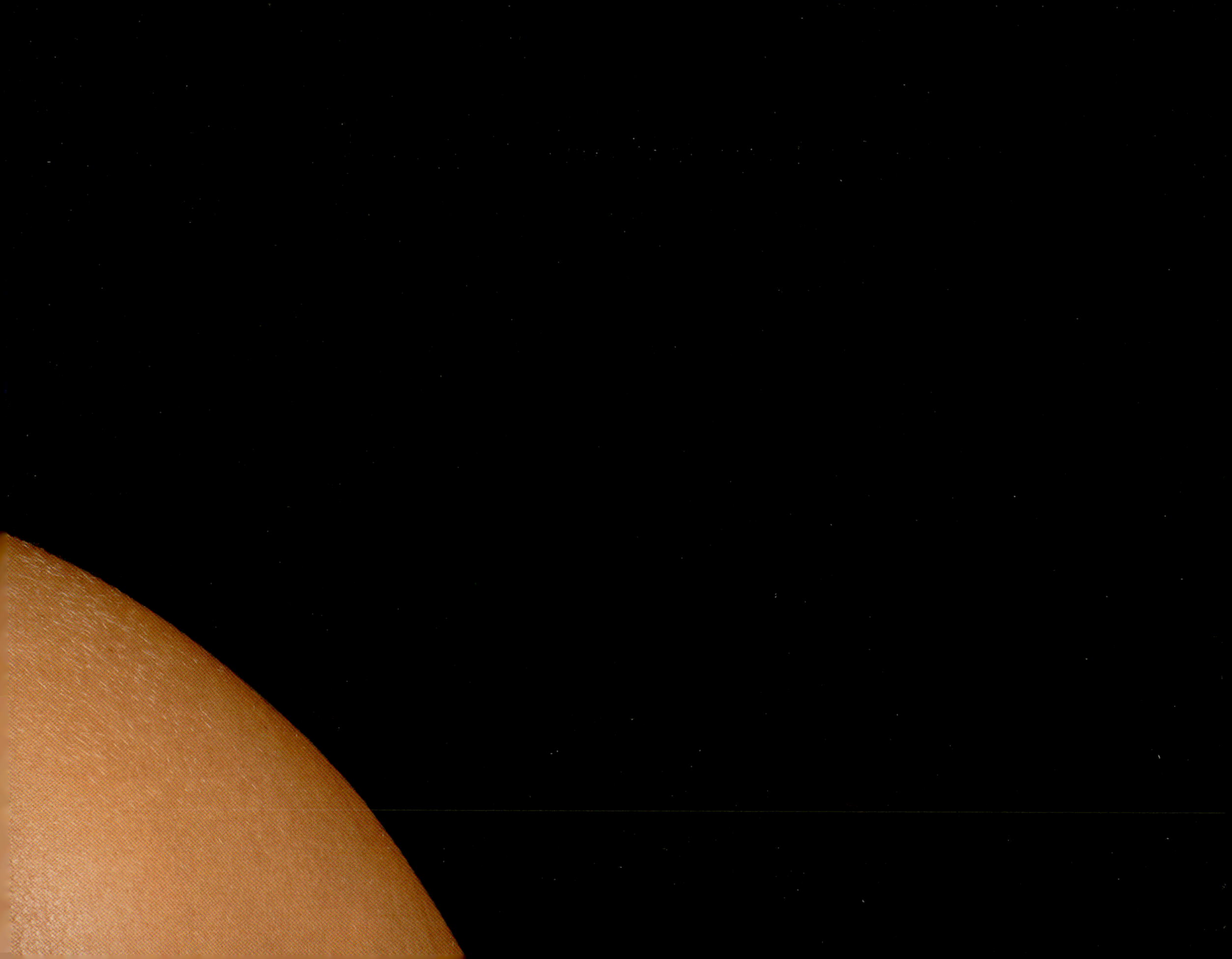

HIMBEERE

DIESE DOPPELSEITE

Was der Name Himbeere nun genau mit dem Ursprung des Namens »Beere der Hirschkuh« zu tun hat, wissen wohl nur die Römer.

Die Hirschkuh galt in der griechischen Mythologie als reines Wesen, was irgendwie sehr gut zu Himbeeren passt. Himbeeren sind – ähnlich wie Erdbeeren – streng botanisch gesehen Steinfrüchte. Im Vergleich zu ihren feuerroten Artgenossen gelten die Früchte aber nicht als Verführer. Niemand sagt Himbeeren nach, dass sie aphrodisierend wirken. Vielleicht macht ihre Unauffälligkeit die Himbeere zu einer Art Geheimwaffe.

Amerikanische Ureinwohner setzten Himbeeren angeblich gegen Gelenkschmerzen ein – wer weiß, vielleicht sind die süßen Früchte das perfekte Mittel gegen Migräne?

Probieren Sie es einfach!

WASSER

NÄCHSTE DOPPELSEITE

Auf den ersten Blick scheint Wasser nicht unbedingt in die Riege der Desserts zu passen. Aber das ist eine Frage der Betrachtungsweise – gibt es etwas Edleres als reines, klares Wasser auf dem Körper einer schönen Frau? Wasser ist eines der wichtigsten Lebensmittel, das wir haben.

Wasser ist die einzige chemische Verbindung auf unserem Planeten, die auf natürliche Art in den drei Aggregatzuständen fest, flüssig und gasförmig zu finden ist. Über das Wasser gibt es unzählige Geschichten zu erzählen. Wir beschränken uns hier auf das Wesentliche: Wasser mit einer Temperatur von ca. 6 Grad führt bei Kontakt zu einem sofortigen Erigieren weiblicher Brustwarzen.

Wenn man dazu bedenkt, dass 71 Prozent der Erdoberfläche aus Wasser besteht, kann man diese Zahl als Vorbild für einen schönen, stimulierenden Abend nehmen. Achten Sie nur darauf, das Wasser hinterher sorgfältig wieder zu entfernen, bei kaltem Wasser eignet sich hierfür hervorragend eine körperwarme Zunge.

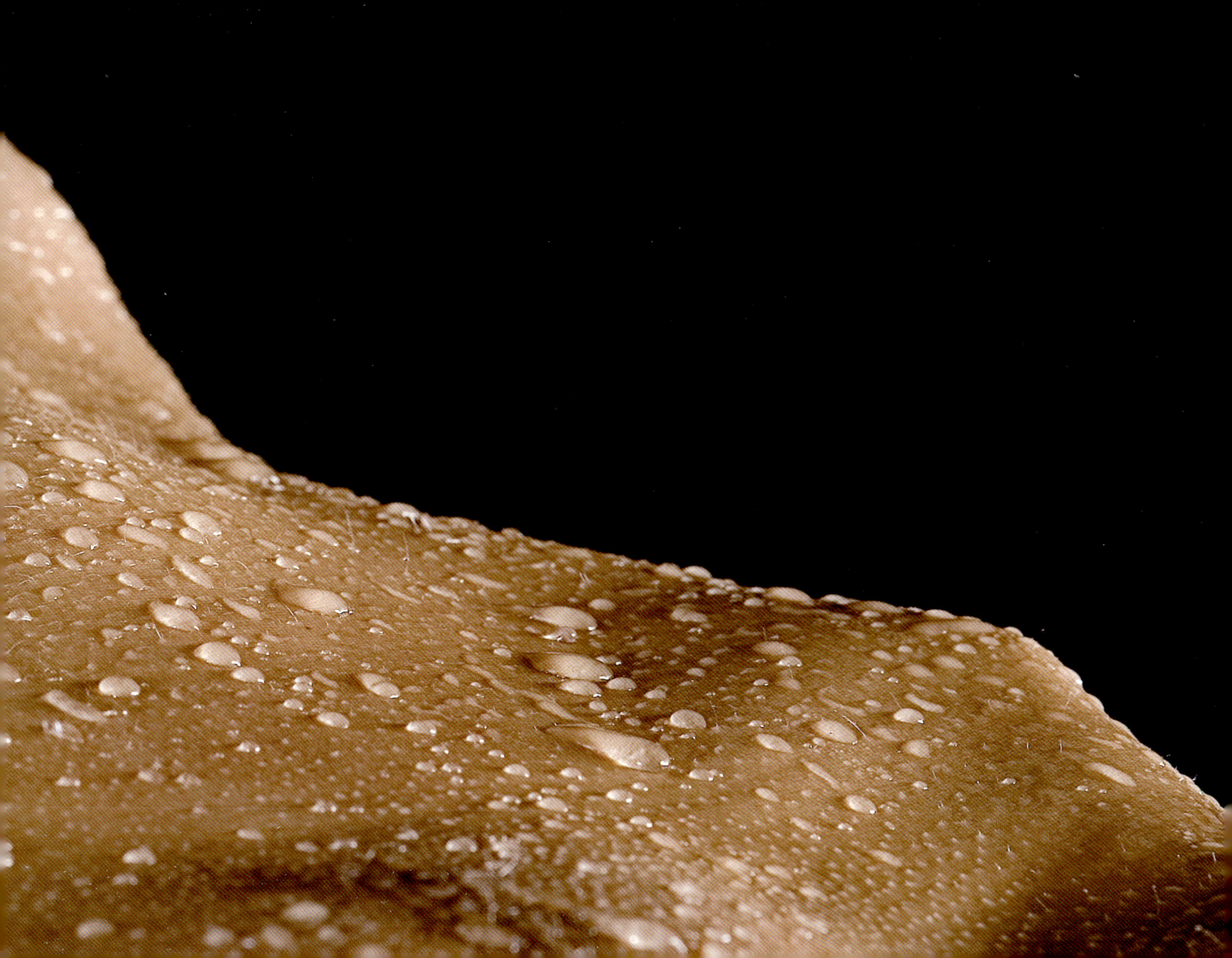

VANILLEPUDDING MIT ERDBEEREN

DIESE DOPPELSEITE

Zutaten

30 g Speisestärke | 30 g Zucker | 30 ml Milch | 1/2 Vanilleschote (einritzen) | 1 Ei | 250 g frische Erdbeeren

Zubereitung

Wer Vanillepudding auf traditionelle Art mag, sollte folgendes Rezept probieren: Zucker und Speisestärke mischen und mit 4 EL Milch glattrühren.

Die restliche Milch mit der eingeritzten Vanilleschote erhitzen. Das Ei trennen, das Eigelb kommt zu der angerührten Speisestärke, das Ganze wird anschließend in die heiße Milch gerührt.

Die Flüssigkeit noch einmal kurz aufkochen lassen. Nachdem sie etwas abgekühlt ist, die Sahne schlagen und unter die Masse ziehen. Fertig ist der selbst gemachte Vanillepudding! Zusammen mit den frischen, geviertelten Erdbeeren servieren.

HONIG

NÄCHSTE DOPPELSEITE

In Deutschland werden pro Jahr und Kopf 1,4 Kilogramm Honig verzehrt. Es bleibt nur zu vermuten, wieviel dieser Menge tatsächlich als Brotaufstrich verwendet wird oder als natürlicher Zuckerersatz in Müsli oder Milch landet.

Denn Honig eignet sich perfekt für erotische Spielereien. Der Grund hierfür ist einfach – während ein Tupfer Sahne in einem Zug weggeschleckt ist, benötigt es doch etwas mehr Einsatz, um Honig restlos zu entfernen. Ein äußerst stimulierender Genuss sowohl für den Naschenden als auch für die Vernaschte.

Dass Honig nebenbei fast nur aus Trauben- und Fruchtzucker besteht und so zu einem recht interessanten Energiekick verhilft, kann dabei fast nebensächlich sein.

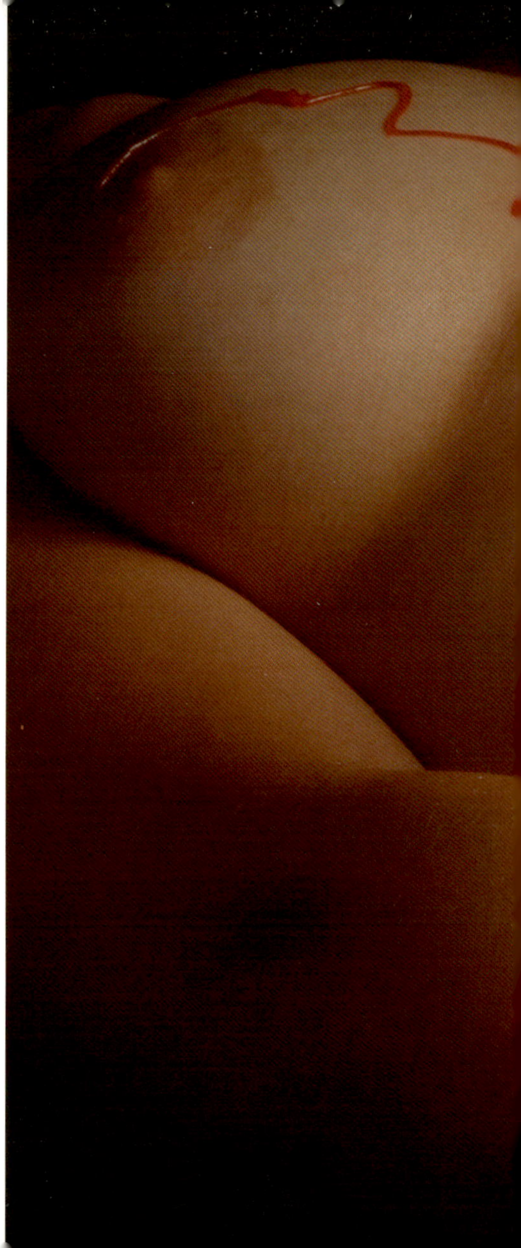

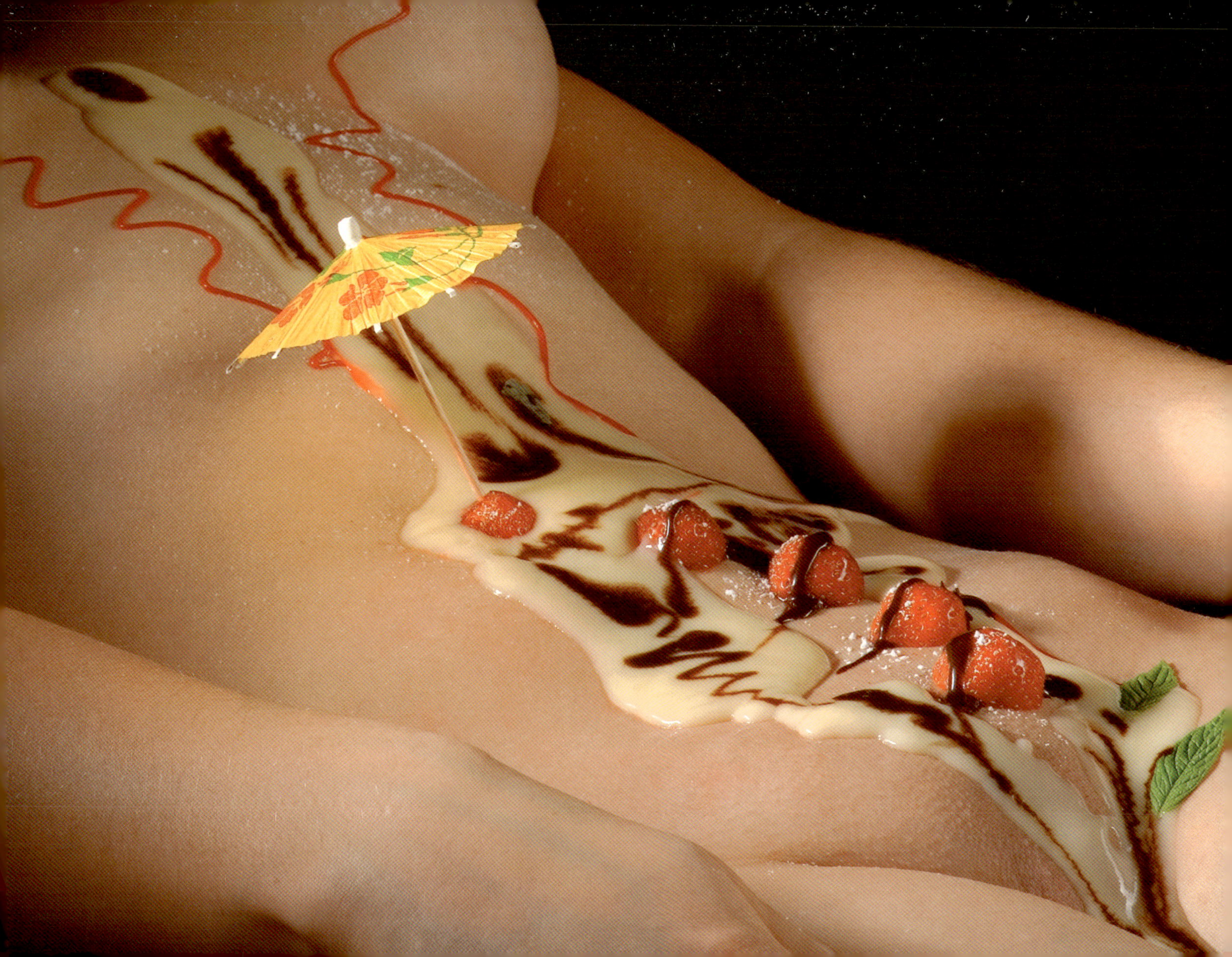

JOHANNISBEEREN

DIESE DOPPELSEITE

Johannisbeeren gehören zu den Stachelbeeren, je nach farblicher Vorliebe sind die kleinen Früchte in Weiß, Schwarz oder Rot erhältlich.

Alle Sorten sind kleine Kraftpakete, die viele Vitamine, Mineralstoffe und Flavinoide enthalten. Letzteren wird eine tumorhemmende Wirkung nachgesagt.

Schwarze Johannisbeeren enthalten erheblich mehr Vitamin C als die roten Beeren. Der Apotheker Tabernaemontanus (1520 – 1590) sagte der Johannisbeere eine große heilende Wirkung nach: »Welchem Menschen die Zunge geschwollen wär / der solle sie reiben mit Johannisträubleinsafft / so fleusst der Speichel und Schleim heraus. Dieser Safft mit Rosenwasser vermischt / und sich damit gegurgelt / ist gut wider das geschwollene Zäpflein. Befestiget die wacklende Zähn / und stärcket das Zahnfleisch: So man an die Stirn streicht / hilfft es den trieffenden Augen.«

Neben diesen doch eher trockenen Ausführungen sollte man nicht vergessen, dass Johannisbeeren einfach lecker sind. Die leicht sauren Früchte machen einfach gute Laune und Lust auf mehr!

MARZIPAN-NOUGAT-PRALINEN

NÄCHSTE DOPPELSEITE

Zutaten für 16 Stück

100 g Nougat | 100 g Marzipanrohmasse | 100 g Puderzucker | 75 g gemahlene Mandeln | 2 EL brauner Rum | 25 g Schokoladenglasur

Zubereitung

Schneiden Sie die Nougatmasse in 16 gleich große Teile, formen Sie die Stücke zu kleinen Kugeln und legen Sie diese in den Kühlschrank. Dann die Marzipanrohmasse grob zerteilen und in eine Rührschüssel geben.

Den Puderzucker darübersieben und die Mandeln und den Rum hinzufügen. Das Ganze wird mit den Händen zu einem glatten Teig geknetet. Formen Sie aus der Masse ebenfalls 16 Kugeln, die anschließend flach gedrückt werden. Eine Nougatkugel geben Sie jeweils in die Mitte einer Marzipanscheibe, mit der die Kugel komplett umhüllt wird.

Zum Schluss lösen Sie die Schokoladenglasur im Wasserbad auf, füllen sie in eine Spritztülle und verzieren die fertigen Köstlichkeiten je nach Geschmack mit Schokoladenstreifen, -punkten oder -wellen.

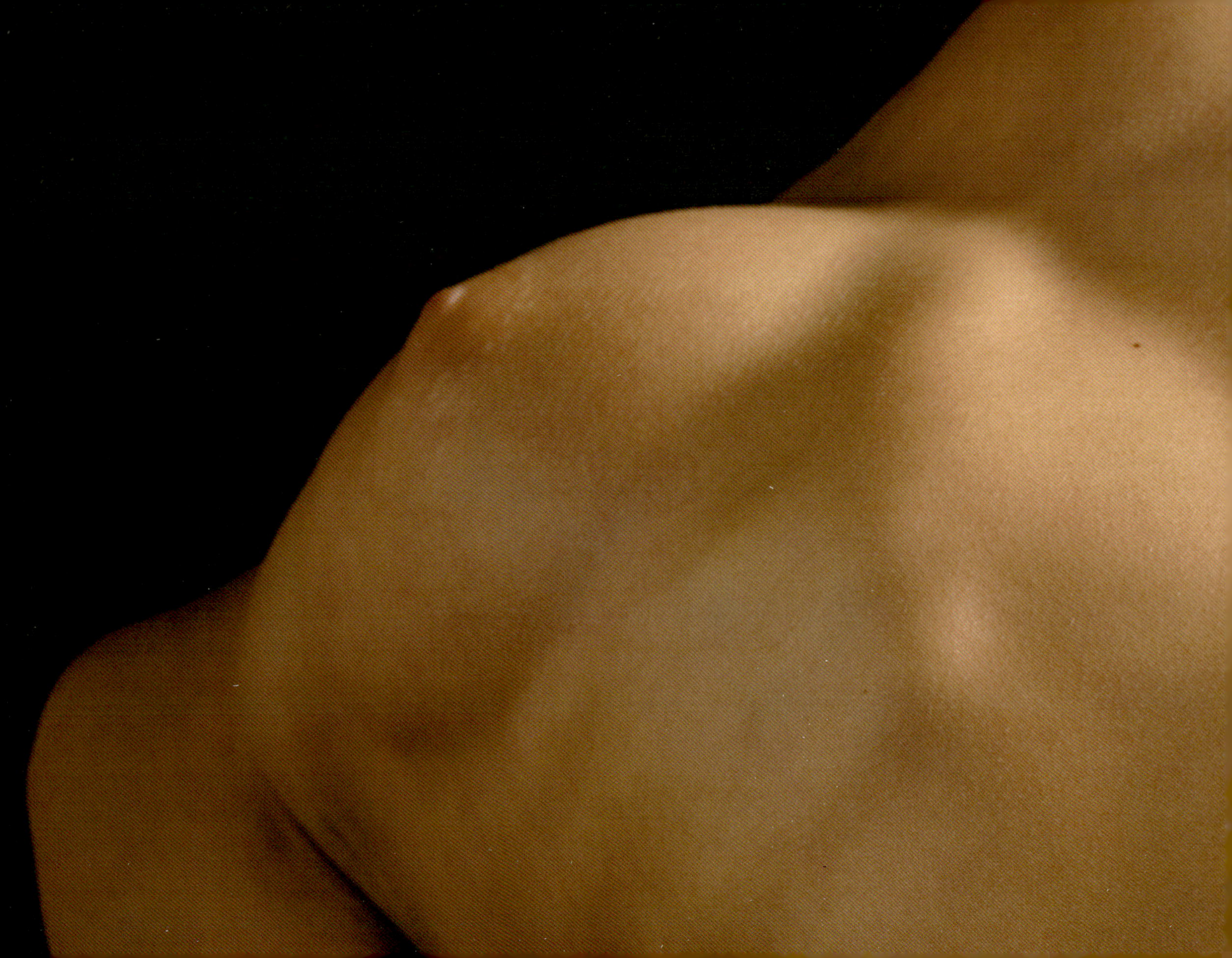

FLAMBIEREN

DIESE DOPPELSEITE

Durch das Entzünden und Verdunsten eines hochprozentigen Alkohols wie z.B. Kirschwasser oder Rum erhalten Desserts eine besonders feine Note. Der verwendete Alkohol sollte mindestens 40 Prozent haben – falls er weniger hat, muss er vorher in einer Schöpfkelle erwärmt werden.

Wir empfehlen, das Flambieren getrennt vom Servieren vorzunehmen, weil die Kombination von heißen Flüssigkeiten und nackter Haut schnell zu schmerzhaften Verletzungen führen kann.

Damit auch Eis flambiert serviert werden kann, hier noch ein kleiner Trick: Tränken Sie einfach einen Zuckerwürfel mit dem gewünschten Alkohol, platzieren Sie ihn am Rand des Eises und zünden Sie den Würfel dann an.

HONIG

NÄCHSTE DOPPELSEITE

Wie stimulierend Honig alleine durch seine Konsistenz sein kann, hatten wir bereits erwähnt. Jetzt bleibt nur die Auswahl der passenden Sorte. Honig ist wertvoll. Bei den Römern wurde das Gold der Bienen in echtem Gold aufgewogen.

Heute gibt es eine Vielzahl verschiedener Honigsorten, man unterscheidet zwischen Blütenhonig und Honig aus Blütentau. Während Blütenhonig (z.B. Klee- oder Rapshonig) bereits nach sechs Wochen kristalliert, bleibt Honig aus Blütentau (z.B. Blatt- oder Waldhonig) sehr lange flüssig und angenehm klebrig. Aber auch kristallisierender Blütenhonig kann auf nackter Haut seine Reize haben. Durch die Reibung der Zuckerkörnchen entsteht eine intensivere Stimulierung, je nach Körperstelle kann auch dies erotische Nebenwirkungen haben.

Versuchen Sie es einfach!

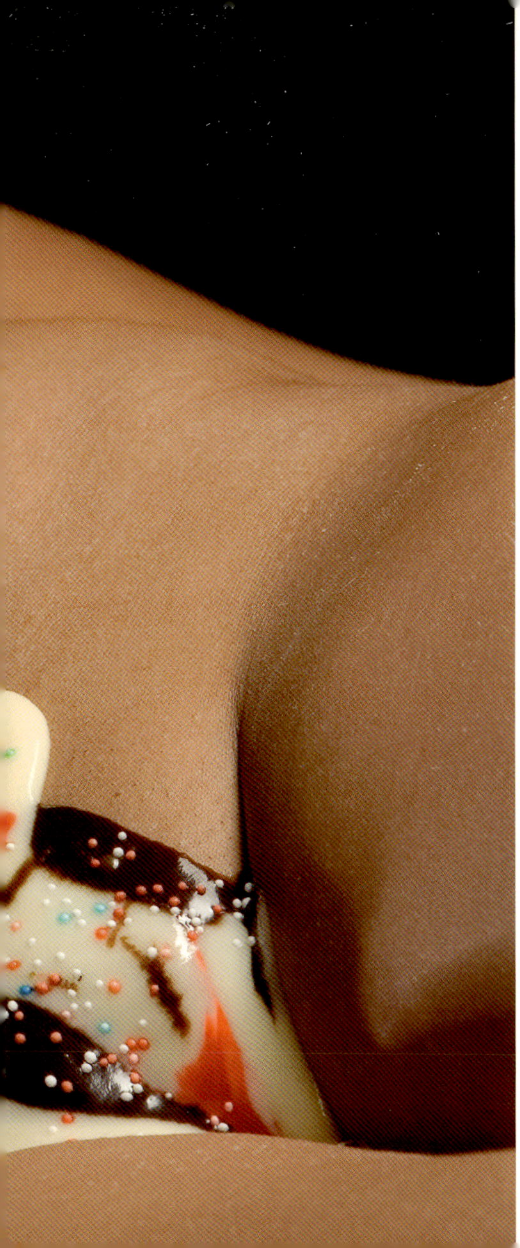

DIESE DOPPELSEITE

SCHOKOLADE UND FRUCHT

Die Verbindung von süßen, vollaromatischen Früchten und Schokolade ist wie ein Märchen aus tausendundeiner Nacht.

Beides gilt als aphrodisierend, beides ist Genuss pur – und im Zusammenspiel ergibt sich eine wahre Köstlichkeit. Nehmen Sie unsere Zeilen doch einmal zum Anlass zu einem köstlichen Schokoladenfondue. Neben der Schokolade (je nach Gefäß nach Anleitung zubereiten) besorgen Sie einige Erdbeeren, Bananenscheiben, Johannisbeeren, Apfelstückchen und weitere Früchte Ihrer Wahl.

Nehmen Sie sich beim Naschen Zeit – und verführen Sie Ihre Liebste. Eine Augenbinde intensiviert den Genuss übrigens um ein Vielfaches!

NÄCHSTE DOPPELSEITE

CROUSTADES

Croustades sind kleine Blätterteigtaschen, die je nach Belieben gefüllt werden können. Eigentlich sind die Weiterentwicklungen der Ragout-fin-Umhüllung eher für deftige Speisen gedacht, da der Teig leicht salzig ist.

Aber auch in Thailand kennt man die Verbindung von den Geschmacksnuancen süß und salzig zu einem perfekten Dessert. Wenn wie hier noch ein wenig Alkohol ins Spiel kommt, erobert man sich schnell eine ganz neue Geschmackswelt.

Probieren Sie es doch einfach aus und füllen Sie die Croustades mit Vanilleeis und kleinen Beeren – wir wünschen guten Appetit!

KIRSCHEIS

DIESE DOPPELSEITE

Zutaten

300 g frische Kirschen | 500 g reiner Joghurt | 3 EL Zucker.

Zubereitung

Die Kirschen werden entsteint und mit dem Stabmixer püriert. Dann den Zucker und den Joghurt hinzugeben und noch einmal kurz pürieren. Im Eisfach ca. 4 Stunden gefrieren lassen.

Bitte beachten Sie, dass dieses Dessert – direkt auf nackter Haut serviert – zu Erfrierungen führen kann. Legen Sie daher bitte eine Scheibe Kiwi, Ananas oder Melone unter das Kirscheis.

ZUCKER

NÄCHSTE DOPPELSEITE

Zucker ist der Inbegriff der Süße und schon seit 600 v. Chr. bekannt. Der erstmals in Persien hergestellte Zucker gelangte über die Kreuzzüge nach Europa und trat dort schnell seinen Siegeszug an.

Zucker ist Bestandteil der meisten Desserts, aber auch pur ist Zucker ein Hochgenuss. Damit der Zucker so schön wie auf dem nachfolgenden Bild auf der Haut klebt, wird ein bisschen Feuchtigkeit benötigt. Sie können den Körper mit einem feuchten Tuch abreiben oder Sie sorgen für die Produktion körpereigener Feuchtigkeit. Wie Sie das hinbekommen, werden Sie wissen.

Beachten Sie bitte, dass auch der Verzehr geringer Mengen Zucker einen Energieschub verursacht, der die körpereigenen Endorphine ankurbelt.

Der Anblick eines schönen und vor allem unbekleideten weiblichen Körpers vervielfacht diese Endorphinausschüttung. Nutzen Sie diese Energie.

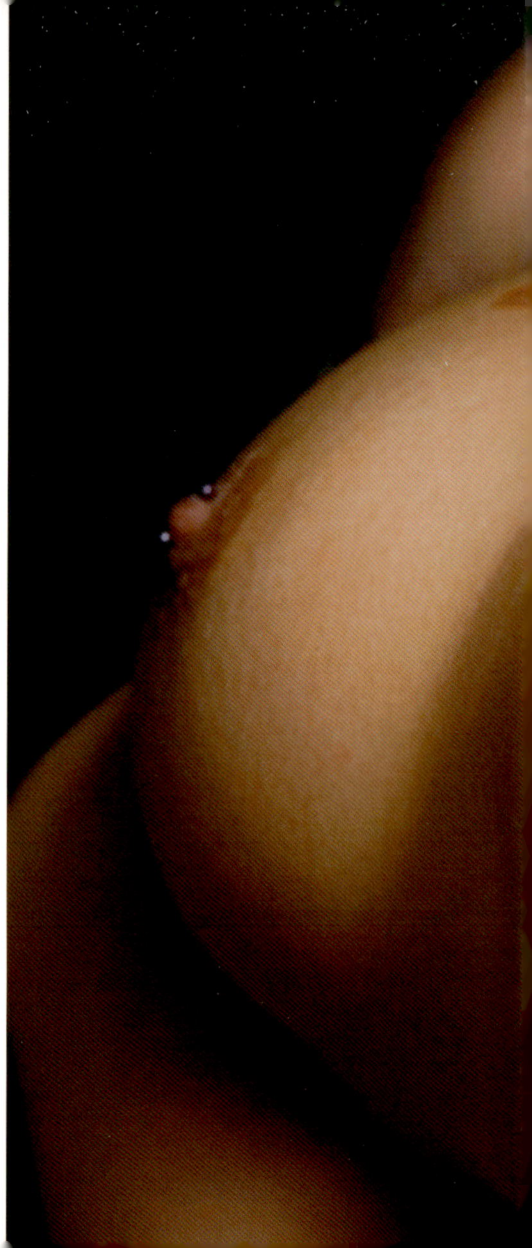

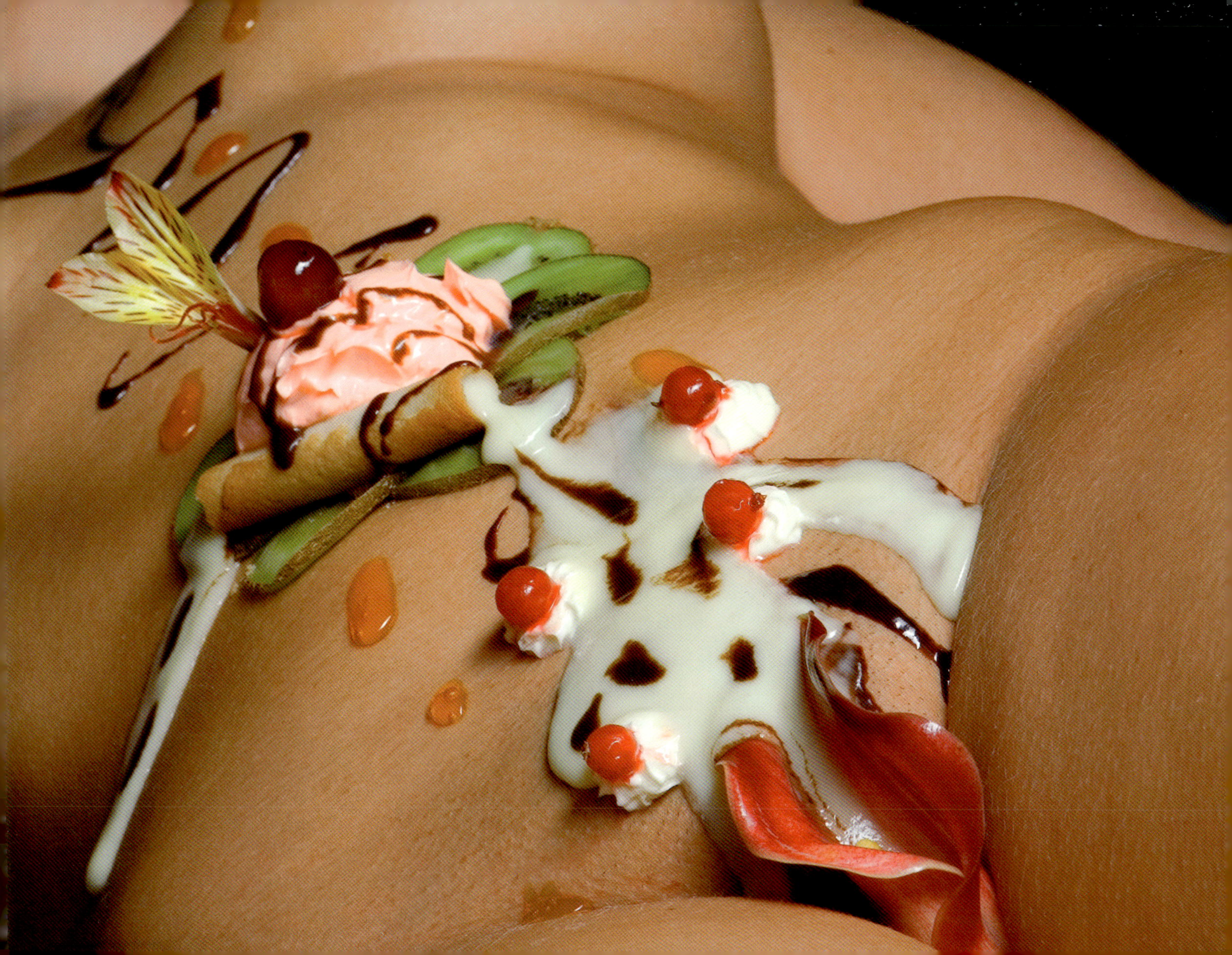

ERDBEEREN

DIESE DOPPELSEITE

Erdbeeren sind der Klassiker, wenn es um sinnliche Verführung geht. Die Früchte gelten als Sinnbild für Erotik, vielleicht weil sie häufig mit weiblichen Lippen in Verbindung gebracht werden.

Erstaunlich, dass diese Frucht – die streng gesehen botanisch zu den Nüssen gehört – erst seit knapp 300 Jahren bei uns kultiviert ist. Doch bereits in der Steinzeit naschte man Erdbeeren – unsere kleineren Walderdbeeren – und schon dort galten sie wegen des süßen Geschmacks als Symbol der Lust.

Angeblich wirken Erdbeeren wegen des hohen Gehaltes an Zink stark aphrodisierend. Man sagt den unschuldigen Früchten nach, dass ihr Genuss die Bildung von Testosteron unterstützt und Frauen und Männer willig mache.

Ob Erdbeeren willig machen, können Sie leicht selbst prüfen. Bringen Sie zu ihrem nächsten Rendezvous ein Körbchen rote, reife Erdbeeren und eine gekühlte Flasche Sekt mit.

Das Ergebnis wird Sie überzeugen.

DIE FÜNF DES ARISTOTELES

NÄCHSTE DOPPELSEITE

Aristoteles kannte die tiefere Bedeutung der Zahl fünf – und auch Sie können sie lernen. Wenn auch auf eine etwas andere Art. Rahmen Sie eine Brustwarze Ihrer Liebsten mit fünf liebevoll platzierten Tropfen Vanillesauce ein. Je nach geschmacklicher Präferenz können Sie noch einen Tupfer Kirsch- oder Himbeersirup oder Schokoflocken hinzugeben.

Erfassen Sie nun ihr Werk mit allen Sinnen – und erfahren Sie, warum Aristoteles die Zahl fünf mit den fünf Sinnen gleichsetzt: Sehen Sie sich das von ihnen geschaffene Kunstwerk intensiv an, vernaschen Sie Ihre Liebste mit den Augen, als ob Sie sie noch nie gesehen hätten.

Hören Sie, wie der Atem ihrer Angebeteten langsam, aber sicher schneller und ungleichmäßiger wird.

Riechen Sie die einmalige Mischung aus warmer Haut und dem intensiven Aroma von Bourbon-Vanille. Geben Sie Ihrer Zunge die Gelegenheit, die Geruchssymphonie geschmacklich nachzuempfinden.

Tasten Sie sich vorsichtig von außen nach innen vor, umkreisen Sie die Blüte, spüren Sie, wie die Haut zur Gänsehaut wird.

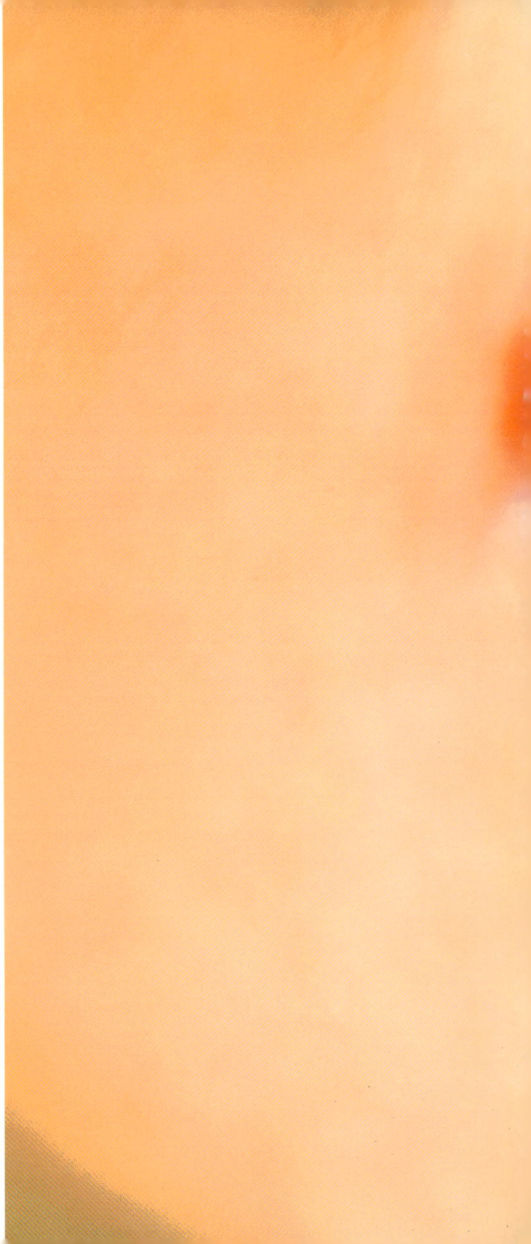

Nachgedanken & Danksagung

Fotografische Arbeit mit Menschen setzt voraus, dass zwei wichtige Gestaltungsfaktoren aufeinander abgestimmt sind. Model und Fotograf. Häufig setzt die Vorbereitung der Inszenierung und des Posings ein großes Maß an Vertrauen in die Arbeit des Fotografen voraus.

Mit Stolz sehe ich auf die Stunden und Tage im Studio zurück als diese »Naschwerke« entstanden sind. Die Modelle ertrugen die Vorbereitungen und die anschließenden klebrigen Ergebnisse mit viel Geduld und Disziplin.

Ein großer Teil der Modelle war unerfahren und hat doch sehr professionelle Arbeit geleistet. Ohne sie hätte dieses Buch nicht realisiert werden können. Ich danke allen Beteiligten, ob nun aktiv oder im Hintergrund. Ein Jahr Produktion, ein Jahr Modelakquise haben sich gelohnt und gemeinsam haben wir geschafft, was anfangs unrealisierbar erschien.

Ein besonderer Dank geht auch an das Team Kerstin Matthies, Brigitta und Markus Gumpricht, die nicht nur in Lichtgeschwindigkeit die Texte zauberten, sondern großartige Organisationsarbeit leisteten und anschließend die nicht verwendeten Dessertkomponenten selbstlos und ohne Rücksicht auf Figurprobleme vernichteten.

Mein liebevoller Dank auch an meine Partnerin Ria Brohl, die sowohl als Model an dem Projekt beteiligt ist, als auch viele Abende auf Gemeinsamkeit verzichtete. Ohne Euch wäre dieses Projekt nicht realisierbar gewesen.

Ich danke den Models für die perfekte Zusammenarbeit: Natascha Atratus, Diana Maria, Nea, Sandra Steinhaus, Nea, Doreen C., Charly, BlackDressedWoman, Marina, Polina, Michaela P., Denise F., Ria B., Sina B., Kerstin M., Jessica K., Brigitta G., Susann A., Nina J., Martina N., Yvonne B., Karolina S., Sila Ö., Yvonne H., Nadine E., Coco, Tanja S. Ich weiß, ihr habt sicher immer noch Rückenschmerzen und Muskelkater, doch es ist die Sache wert.

Dortmund, im Frühjahr 2008

Ulrich Grolla
www.ulrichgrolla.de

DESSERTS FÜR VERLIEBTE
Sinnlichkeit zum Anbeißen –
Süße Kreationen auf nackter Haut

Fotografien von Ulrich Grolla
Mit Texten von Kerstin Matthies,
Brigitta & Markus Gumpricht

© Schwarzkopf & Schwarzkopf
Verlag GmbH, Berlin 2008

ISBN: 978-3-89602-813-6

Alle Rechte vorbehalten.

Dieses Werk ist urheberrechtlich geschützt.
Jede Verwendung, die über den Rahmen des
Zitatrechtes bei korrekter und vollständiger
Quellenangabe hinausgeht, ist honorarpflichtig
und bedarf der schriftlichen Genehmigung
des Verlages und des Fotografen.

KATALOG
Wir senden Ihnen gern kostenlos unseren Katalog.
Schwarzkopf & Schwarzkopf Verlag GmbH
Kastanienallee 32, 10435 Berlin
Telefon: 030 – 44 33 63 00
Fax: 030 – 44 33 63 044

INTERNET & E-MAIL
www.schwarzkopf-schwarzkopf.de
info@schwarzkopf-schwarzkopf.de